무문관

무 문 관

무문혜개 지음

김태완 역주

침묵의 향기

부처와 조사의 모든 가르침은
다만 달을 가리키는 손가락일 뿐,
달을 보면 손가락은 잊어야 하니
아니면 손가락을 달로 착각하리라.

달은 어디에 나타나 있는가?
하늘에 하나의 달이 밝은가?
땅의 물마다 달은 떠 있으나,
도리어 하늘에는 달이 없다.

만약 참으로 달을 보게 되면
손가락은 저절로 잊을 것이고
마침내 달마저 사라지고 은은한
달빛만이 온 우주에 가득할 것이다.

달빛 속에서 온 우주가 나타나니
달빛이 있는가? 우주가 있는가?
이도 저도 없고 빈 허공만 있는가?
여기서 저절로 분명해야 할 것이다.

_2015년 4월 무심선원 김태완

머리말

이 책을 읽는 독자에게

자기의 진실을 실제로 체험하고 이 책을 읽으면, 무문의 안목을 구경하면서 칭찬도 하고 비판도 하는 즐거움을 누리겠지만, 아직 자기의 진실을 확인하지 못하고서 무문의 가르침을 통하여 자기의 진실을 확인하고자 이 책을 본다면, 무문에게 코가 꿰여서 이리저리 끝도 없이 끌려다닐 것이다.

선종무문관(禪宗無門關)은 선종의 공안(公案) 48칙을 모아 놓은 공안집(公案集)이다. 공안이란 공적이고 법적인 효력이 있는 공인된 문서라는 뜻이다. 그러므로 선종에서 공안이란 공부인에게 분명한 효과를 나타내는 공인된 방편이라는 뜻이다.

더 자세히 말하면 선종의 공안이란 차별의 지혜를 단련하는 공인된 방편이다.

옛사람이 말했다.

"열반의 마음은 밝히기가 쉽지만, 차별의 지혜는 밝히기가 어렵다."(涅槃心易曉, 差別智難明.)

부처와 조사가 법과 차별세계를 말하는 다양한 이야기 속으로 공부인을 끌어들임으로써, 차별세계에서도 벗어나고 법상(法相)에서도 벗어난 참된 자유인의 삶을 살 수 있는지를 점검하는 것이 선종의 공안이라는 방편이다. 즉, 공안은 법상을 가르치는 것이 아니라, 차별의 지혜를 단련하는 방편이다.

공안은 온갖 법상의 유혹에서 벗어나 법에도 머물지 않고, 세간의 차별에도 걸리지 않도록 단련시키는 방편인 것이다. 그리하여 법이 곧 차별이고 차별 그대로가 법이어서, 법에도 머묾 없고 차별에도 걸림없는 대자유를 누리도록 하려는 방편이다.

그러므로 차별지에서는 차별에도 밝고 법에도 밝아야 한다.

중생은 차별에 밝고 부처는 법에 밝으나, 참된 공부인이라면 차별에도 밝고 법에도 밝아야 한다. 차별에도 밝고 법에도 밝으면 차별도 없고 법도 없다. 차별도 없고 법도 없으면 온갖 차별 속에서 언제나 대자유를 누린다.

공부의 과정을 보여 주는 심우도(尋牛圖)를 예로 들면, 차별의 지혜는 마지막에 있는 반본환원(返本還源)과 입전수수(入纏垂手)에 해당한다.

소를 찾으러 떠났다가 단번에 근원으로 돌아가 대자유인이 되는 것이 아니라, 소를 찾다가 소를 얻고 소를 키워서 마침내 소도 사람도 사라져서 둘이 아니게 된 뒤에 비로소 근원으로 돌아가 다시 차별세계에서 대자유인으로 살 수 있는 것이다.

동일한 차별세계에서 살지만 이전에는 얽매이고 구속되어 살았고, 지금은 차별세계가 아닌 차별세계에서 사는 것이니 하나의 장애도 없다.

이처럼 선문의 공안은 차별세계를 벗어나 모든 차별이 소멸한 열반의 마음을 먼저 얻은 사람이 그 뒤에 차별세계로 다시 나아가 차별세계와 열반이 둘이 아니고 따로 없는 대자유를 향유하는 것을 돕는 방편이다.

그러므로 먼저 분별망상에서 해탈하여 차별이 적멸한 열반을 얻은 자가 선문의 공안을 방편으로 삼아 공부할 수 있는 것이다.

아직 분별망상에서 벗어나는 해탈의 체험이 없어서 여전히 분별심에 사로잡혀 있는 자가 만약 선문의 공안을 분별심을 가지고 공부한다면, 분별심 속에서 불이중도를 헤아리는 공부를 하는 것이니 마치 꿈속에서 꿈 깨는 꿈을 다시 꾸는 것처럼 헛된 짓일 뿐이다.

물론, 분별심을 가지고 공안을 공부하다가 문득 모든 것이 사라져서 텅 비어 버리는 열반의 마음을 얻을 가능성이 없다고는 할 수 없지만, 분별심으로 공안을 연구하여 법의 모습을 그릴 수 있는 위험이 다분히 있으며 선공부의 일반적인 길도 아니다.

그러므로 분별망상이 끊어져 모든 번뇌망상에서 벗어난 열반의 마음을 아직 얻지 못한 사람은 먼저 열반의 마음을 얻도록 해야 한다. 번뇌망상의 감옥에서 벗어나지 못한 사람이 감옥을 벗어난 감옥 밖의 자유로운 삶에 관한 이야기를 듣고서, 그런 삶을 마음 속에 그리고 흉내 내는 것은 참으로 어리석은 짓이다. 반드시 실제로 감옥을 벗어나야 참된 감옥 밖의 자유로운 삶이 있다.

번뇌망상의 감옥을 벗어나는 문은 하나뿐이다.
모든 분별망상이 꽉 막혀서 어떻게도 손을 쓸 수 없고, 헤아릴 수도 없고, 오고 갈 길이 없는 장벽에 사방이 가로막혀 있다가, 때가 되어 한순간 문득 사방의 장벽이 사라져 버리고 안팎의 차별이 없어지는 체험이 번뇌망상의 감옥을 벗어나는 유일한 문이다.
먼저 이러한 체험을 하여 차별 없는 세계로 들어온 뒤에 그 차별 없는 세계 속에서 오래오래 지내면서 이전까지의 차별에 익숙한 습기(習氣)를 녹여야, 비로소 다시 차별세계로 나아가도 차별에 오염되지 않을 힘을 얻는다.

이런 힘을 어느 정도 얻은 사람이 이런 공안을 통하여 차별세계 속에서 자신이 얼마나 분별심에 끄달리지 않고 자유롭게 차별세계의 삶을 살 수 있는지를 시험해 보는 것이 공안이라는 방편의 역할이다.

아무리 좋은 약이라도 잘못 사용하면 몸에 해롭다. 아직 차별 없는 열반의 세계를 얻지 못한 사람은 오로지 모든 것에서 벗어난 해탈열반을 구하기에 힘써야 한다.

싹이 튼 뒤에 큰 나무로 자라고, 아이가 태어난 뒤에 어른이 되고, 학교에 입학한 뒤에 졸업하여 사회로 나아가고, 공(空)을 체험한 뒤에 색즉시공공즉시색(色即示空空即示色)이 되고, 차별의 세계에서 벗어난 뒤에 차별의 지혜가 생기는 것이다.

그러므로 문득 마음이 사라져서 무심(無心)이 되는 체험을 먼저 하고, 무심에 충분히 익숙해진 뒤에 공안이라는 장난감을 가지고 놀기 바란다.

그때에는 공안이라는 장난감이 소문과는 달리 소박하고 변변찮은 장난감이라는 것을 알 것이다.

어디 공안뿐이겠는가?

모든 부처님의 말씀과 조사의 가르침이 전부 헛된 소리로서, 다만 망상병에 걸린 사람에게나 필요한 약일 뿐임을 알 것이다.

약은 잘 쓰면 좋은 효과를 보고 잘못 쓰면 도리어 병을 악화시킨다.

공안의 약이 필요한 사람이 이 약을 올바르게 쓰기 바란다.

아직 이 약을 쓸 수 없는 사람은 먼저 선지식을 찾아가 그의 지도로 마음이 사라지는 해탈의 체험을 하기 바란다.

2014년 11월

무심선원 김태완

1. 저자 소개

무문혜개(無門慧開; 1183-1260)

남송대(南宋代) 선승.

임제종(臨濟宗).

속성(俗姓)은 양(梁)씨.

절강성(浙江省) 항주(杭州) 전당(錢塘) 출신. 천룡굉(天龍肱) 문하에서 출가하여 뒷날 여러 고승을 찾아다니며 공부하다가, 이윽고 강소성(江蘇省) 평강부(平江府) 만수사(萬壽寺)의 월림사관(月林師觀) 밑에서 6년간 공부한 뒤에 그의 법을 이었다.

가정(嘉定) 11년(1218) 안길산(安吉山) 보국사(報國寺)에서 개당(開堂)한 이후 강서성(江西省) 융흥부(隆興府) 천녕사(天寧寺), 황룡사(黃龍寺), 취암사(翠巖寺), 강소성(江蘇省) 진강부(鎭江府) 초산(焦山)의 보제사(普濟寺), 평강부(平江府) 개원사(開元寺), 건강부(健康府)의 보녕사(保寧寺) 등에서 머물다가 순우(淳祐) 6년(1246)에는 호국인왕사(護國仁王寺)로 들어갔다.

그 사이에『선종무문관(禪宗無門關)』1권을 저술하였다.

이종(理宗) 임금에게 법요(法要)를 설명하고 또 비를 비는 기도를 행하여, 그 공으로 금란가사(金欄袈裟)와 불안선사(佛眼禪師)라는 호를 하사받았다.

경정(景定) 원년(元年; 1260) 4월에 세수(世壽) 78세로 입적하였다.

『무문혜개선사어록(無門慧開禪師語錄)』2권과『선종무문관(禪宗無門關)』1권 등이 전한다.

2. 책 소개

『선종무문관(禪宗無門關)』

1권.

중국 남송대(南宋代) 선승(禪僧) 무문혜개(無門慧開)가 짓고, 그 제자인 미연종소(彌衍宗紹)가 편찬하여 1228년에 간행함.

조주구자(趙州狗子)를 시작으로 총 48칙(則)의 공안을 싣고, 그 각각에 대하여 무문혜개가 자신의 평창(評唱)과 게송(偈頌)을 붙였다.

무문관의 구성을 보면, 맨 앞에 선종무문관(禪宗無門關)이라는 제목이 붙어 있고, 다음에 소정(紹定) 개원(改元; 1228) 7월 그믐에 습암진구(習菴陳垍)가 쓴 서문(序文)이 있고, 다음에 무문혜개가 황제의 생일을 축하하여 쓴 축성문(祝聖文)이 붙어 있고, 다음에 무문혜개 자신이 선종무문관이라는 제목으로 쓴 서문이 붙어 있고, 다음에 불조기연사십팔칙(佛祖機緣四十八則)이라는 제목으로 공안 48칙의 제목을 실린 순서대로 열거하였고, 그 다음에 무문관(無門關)이라는 이름 하에 조주구자(趙州狗子)부터 시작하여 건봉일로(乾峰一路)로 끝나는 48칙의 공안과 그 각각에 대한 평창 및 게송을 싣고, 마지막에 무문혜개의 발문(跋文)이 붙어 있다. 그 뒤 무문관권종(無門關卷終)이라고 하여 무문관을 끝내고, 다시 부록으로 선잠(禪箴), 황룡삼관(黃龍三關), 무량종수(無量宗壽)의 글, 맹공(孟珙)의 발(跋), 안만거사(安晚居士)가 붙인 49칙 등이 붙어 있다.

48칙 공안의 주인공을 보면, 조주종심(趙州從諗)이 7회로 가장 많이 등장하고, 운문문언(雲門文偃) 5회, 남전보원(南泉普願)과 오조법연(五祖法演)이 각각 4회, 육조혜능(六祖慧能)·마조도일(馬祖道一)·덕산선감(德山宣鑒)·동산수초(洞山守初) 등이 각각 2회의 순으로 등장한다.

원오극근(圓悟克勤; 1063-1125)의 『벽암록(碧巖錄)』, 만송행수(萬松行秀; 1165-1246)의 『종용록(從容錄)』과 더불어 가장 널리 읽히는 공안집(公案集)이다.

14

3. 번역의 변

1) 역자가 동원할 수 있는 모든 사전을 다 동원하여 송대(宋代) 언어로 쓰인 무문관을 보다 정확하게 번역하려고 노력하였고, 그 결과로 기존 번역본들의 오역을 다수 수정하였다.

2) 번역은 기본적으로 직역을 하였으나, 직역으로 뜻을 파악하기 어려운 경우에는 약간 풀어서 의역하였고, 주석에 자세한 설명을 부가하였다.

3) 책 끝에 부록으로 붙어 있는 「선잠(禪箴)」, 「황룡삼관(黃龍三關)」 및 안만(安晩)이 추가한 49칙 등은 번역에서 제외하고, 무문혜개가 원래 저술한 무문관만 번역하였다.

4) [참고]는 공안이 나온 출전에 실린 이야기의 본래 모습을 소개하여 참고하도록 한 것이다.

5) [군소리]는 역자의 감상을 적은 것으로서 그야말로 군소리이니 보고 싶은 독자만 보면 되겠다.

6) 교정은 김말진 보살님과 조두현 거사님께서 수고해 주셨다. 두 분에게 감사드린다.

| 목차 |

습암진구習菴陳垹의 서문序文

　도(道)에 문(門)이 없다고 하면 땅 위의 모든 사람이 다 들어갈 수 있고, 도에 문이 있다고 하면 스님도 들어갈 수 없다. 무엇보다도 억지로 몇 개의 풀이하는 말[1]을 더한다면 꼭 삿갓 위에 다시 삿갓을 쓰는 꼴이 될 것이고, 습옹(習翁)[2]에게 찬양해 달라고 무리하게 요구한다면 또한 마른 대나무를 비틀어 즙(汁)을 짜려는 짓이다. 이 약간 으르렁거리는 책을 썼다고 하여 습옹이 한마디 해야 할 필요는 없다.[3] 한마디 하여 물 한 방울을 강이나 호수에 떨어뜨리지 말지니, 하루에 천 리를 달리는 오추마(烏騅馬)[4]라도 따라갈 수 없기 때문이다.

　소정(紹定) 개원(改元; 1228)[5] 7월 그믐, 습암진구(習菴陳垹)[6] 씀.

---

1) 주각(註脚) : 풀이하여 따로 한마디 언급하는 말. 본문의 어떤 부분을 설명하거나 보충하기 위하여 본문의 아래쪽에 따로 베푼 풀이. 주각(註脚). 각주(脚註·脚注).
2) 이 글을 쓴 습암진구(習菴陳垹) 자신을 가리키는 말.
3) 불소(不消) : ①필요치 않다. ―할 필요가 없다. ②견딜 수 없다.
4) 오추마(烏騅馬) : 검은 털에 흰 털이 섞인 말로서, 옛날 중국의 항우(項羽)가 탔다는 준마(駿馬)인데, 하루에 천 리를 달렸다고 한다. 천리마(千里馬) 가운데 하나.
5) 소정(紹定) 개원(改元) : 소정(紹定)은 남송(南宋) 5대 임금인 이종(理宗)이 1228년에서 1233년까지 6년 동안 사용한 연호. 개원(改元)은 연호를 바꾼 원년(元年)이라는 뜻으로 소정(紹定) 원년(元年)을 가리킴. 소정 원년은 1228년임.
6) 습암진구(習菴陳垹) : 누구인지 알 수 없다.

說道無門，盡大地人得入，說道有門，無阿師分．第一强添幾箇注脚，大似笠上頂笠，硬要習翁贊揚，又是乾竹絞汁．著得這些哮本，不消習翁一擲．一擲莫敎一滴落江湖，千里烏騅追不得．

紹定改元七月晦，習菴陳垍寫．

무문혜개無門慧開의 축성문祝聖文

　소정(紹定) 2년 정월 5일, 삼가 황제 폐하의 생신[7]을 맞이하였습니다. 신(臣) 승(僧) 혜개(慧開)는 앞서 소정 원년(元年) 12월 5일에 부처님과 조사님의 이야기[8] 48칙을 가려내어 해설하고 비평하여[9] 책으로 간행하였습니다. 황제 폐하의 옥체(玉體)가 영원하시기를 빕니다.[10] 황제 폐하, 폐하의 밝은 지혜는 해와 달과 같고, 수명은 하늘과 땅처럼 길고, 방방곡곡에서 덕행 높은 임금님을 칭송하는 노래가 울리고, 온 나라가 다스림 없는 교화(敎化)를 즐기기를 삼가 바라옵나이다.

　자의황후(慈懿皇后)[11]의 공덕(功德)으로 만들어진[12] 우자선사(佑

---

7) 천기성절(天基聖節) : 황제의 생일. 천기(天基)는 황제의 지위를 가리킴. 성절(聖節)은 현 황제의 탄생일.

8) 기연(機緣) : 시기(時機)의 인연(因緣). 어떤 일이 일어나는 내력.

9) 염제(拈提) : ①집어 들다. 언급하다. ②선종(禪宗)의 설법에서 옛사람들의 이야기를 끄집어내어 해석하고 비판하는 일.

10) 축연(祝延) : 장수(長壽)를 빌다.

11) 자의황후(慈懿皇后) : 송(宋) 이후(李后)의 시호(諡號). 이후(李后)는 남송(南宋) 제3대 임금인 광종(光宗; 재위 1189-1194)의 황후.

12) 보인(報因) : 원인이 종류가 다른 결과를 낳는 것. 선한 행위가 즐거움을 낳고, 악한 행위가 괴로움을 가져온다는 인과관계를 말함. 고락(苦樂)의 과보(果報)를 낳는 선악(善惡)의 원인. 습인(習因)의 상대어.

23

慈禪寺)의 전(前) 주지(住持)이자 불법(佛法)을 전하는 신(臣) 승(僧) 혜개 삼가 말씀드립니다.

紹定二年正月初五日, 恭遇天基聖節. 臣僧慧開, 預於元年十二月初五日, 印行拈提佛祖機緣四十八則. 祝延今上皇帝聖躬萬歲萬歲萬萬歲. 皇帝陛下, 恭願聖明齊日月, 叡算等乾坤, 八方歌有道之君, 四海樂無爲之化.

慈懿皇后功德報因佑慈禪寺, 前住持, 傳法, 臣僧, 慧開, 謹言.

무문혜개의 서문序文

선종禪宗 무문관無門關

부처님께서 말씀하신 마음을 근본으로 삼고, 문 없음을 법문(法門)으로 삼는다. 이미 문이 없는데, 다시 어떻게 통과하는가? 듣지도[13] 못했는가? 문으로 들어온 것은 집안의 보물이 아니고, 인연으로 말미암아 얻은 것은 시작과 끝이 있으며 이루어짐과 부서짐이 있다는 말을. 이러한[14] 견해[15]도 바람이 없는데 물결을 일으키는 것과 같고, 멀쩡한 살을 긁어서 상처를 내는 것과 같은데, 하물며[16] 언구(言句)에 머물러 이해를 구하겠는가? 막대기를 휘둘러 달을 치려는 것과 같고, 신을 신은 채 발바닥을 긁는 것과 같으니, 무슨 관계가 있겠는가? 내가 소정(紹定) 무자(戊子)년[17] 여름에 동가(東嘉)[18]의 용상사(龍翔寺)[19]에서 수좌(首座)[20]로 있을 때 납자

---

13) 견도(見道) : —라고 말하는 것을 듣다. —라는 말을 듣다.

14) 임마(恁麼) : =임(恁), 임적(恁的), 임지(恁地). 그와 같은. 그렇게. 이러한. 이와 같은. =여차(如此).

15) 설화(說話) : 이론(理論). 의견. 견해. 언사(言辭). 말.

16) 하황(何況) : 하물며. 항차. 더군다나.

17) 소정(紹定) 무자(戊子)년은 소정 1년인 1228년이다.

18) 동가(東嘉) : 절강성(浙江省) 온주(溫州)의 별칭.

19) 용상사(龍翔寺) : 절강성(浙江省) 온주부(溫州府) 영가현(永嘉縣)의 북쪽, 강중(江中)의 강심산(江心山) 숲속에 있는 절로서, 십찰(十刹) 가운데 여섯 번째에 해당한다. 강심사(江心寺) 또는 용상흥경원(龍翔興慶院)이라고도 한다. 당(唐) 함통

(衲子)[21]들이 가르침을 청했기[22] 때문에 옛사람의 공안(公案)[23]을
가지고 문을 두드리는 기와조각[24]으로 삼았다. 기회 있을 때마다[25]

(咸通; 860-874) 연간에 건립되었고, 송(宋) 건염(建炎) 4년(1130)에 용상(龍翔)
이라는 이름을 하사받았다. 진헐청료(眞歇淸了)가 이 절에서 개산(開山)하였다.

20) 수중(首衆) : =수좌(首座). 수좌(首座)는 선종의 승당(僧堂)에서 한 대중의 우두
머리 되는 이.

21) 납자(衲子) : 납(衲)은 누더기 옷이라는 뜻으로서 선승(禪僧)을 가리키는 말. 참
선하는 이를 납자(衲子)라 하고, 각처를 행각(行脚)하는 스님을 운수납자(雲水衲
子)라 한다.

22) 청익(請益) : 가르침을 받고서 모르는 부분에 대하여 거듭 질문하는 것. =입실청
익(入室請益).

23) 공안(公案) : ①공무(公務)에 관한 문안(文案). 관청에서 결재(決裁)되는 안건(案
件). 공문서(公文書). ②쟁송(爭訟) 중인 안건. 쟁점이 되고 있는 안건. ③공무를
처리할 때 사용하던 큰 책상. ④선문(禪門)에서는 부처와 조사가 열어 보인 불
법(佛法)의 도리를 가리키는 말을 뜻한다. 공안은 당대(唐代) 선승들의 문답에
서 비롯되었는데, 송대(宋代)에 이르자 앞 시대 선승들의 어록(語錄)에 기록된
문답들이 선공부에서 참구(參究)하는 자료로 활용되면서 많은 공안이 만들어졌
다. 공안은 화두(話頭), 고칙(古則)이라고도 한다. 1,700공안이라는 말은『경덕
전등록』에 대화가 수록된 선승의 숫자가 1,701명이었던 것에서 유래하였다. 최
초의 공안집(公案集)은 운문종(雲門宗)의 설두중현(雪竇重顯; 980-1052)이 화
두 100칙(則)을 모아 만든『설두송고(雪竇頌古)』이며, 여기에 원오극근(圜悟克勤;
1063-1135)이 다시 수시(垂示), 착어(著語), 평창(評唱) 등을 붙여『벽암록(碧
巖錄)』을 만들었다. 무문혜개(無門慧開; 1183-1260)는 고칙공안 48칙을 모아
평창(評唱)과 송(頌)을 붙여『무문관(無門觀)』을 저술하였다.『벽암록』과『무문관』
은 임제종(臨濟宗)의 공안집들이다. 한편, 굉지정각(宏智正覺; 1091-1157)이
화두 100칙에 송(頌)한 것에 만송행수(萬松行秀; 1165-1246)가 평창을 붙여 간
행한『종용록(從容錄)』은 조동종(曹洞宗)의 종풍을 거양한 공안집이다. 우리나라
의 공안집으로는 고려시대 진각혜심(眞覺慧諶; 1178-1234)이 고칙 1,463칙을
모아 편찬한『선문염송(禪門拈頌)』이 있다.

26

학인들을 인도(引導)하면서 뜻하지 않게[26) 베껴 쓰게 되었는데 모르는 사이에 책이 되었다. 처음에는 앞뒤의 순서[27)를 정하지 않았는데, 합쳐서[28) 48칙(則)이 되자 마침내[29) 무문관(無門關)이라고 불렀다. 만약 한 사람 참된 대장부[30)가 죽느냐 사느냐 하는 위험을 돌아보지 않고 한 자루 칼을 휘두르며 곧장 뛰어들어[31) 여덟 개의 팔을 지닌 나타(那吒)[32)도 그를 막지[33) 못한다면, 설사 인도의 28대 조사와 중국의 6대 조사라 할지라도 다만 동정을 살피며[34) 살려 달

---

24) 문을 두드리는 기와 조각이란 방편을 뜻한다.

25) 수기(隨機) : 때에 맞추어. 때에 알맞게.

26) 경이(竟爾) : 뜻밖에. 의외로. =경이(竟而), 경연(竟然).

27) 서열(敍列) : 순서. 차례.

28) 공(共) : (부사) 모두. 전부. 합쳐서.

29) 통(通) : 마침내. 결국.

30) 시개한(是箇漢) : 한 사람 참된 대장부. 한 사람 참된 선자(禪者). =시개인(是箇人).

31) 단도직입(單刀直入) : 적진을 마주한 장군(將軍)이 앞뒤 살피지 않고 곧장 칼 한 자루만 빼들고 적진으로 달려들어 감. 생각, 분별, 말에 거리끼지 않고 실상(實相)으로 바로 들어가는 것을 가리킨다.

32) 나타(那吒) : 북방 비사문천왕(毘沙門天王)의 태자로 얼굴이 셋이고 팔이 여덟이며 큰 힘을 가지고 불법(佛法)을 보호하여 지키고 수행자를 보호하는 선신(善神)이다. 손에 항상 금강장(金剛杖)을 들고 악인(惡人)의 무리를 찾아다닌다고 한다. 『오등회원(五燈會元)』에 "나타 태자는 살은 깎아서 어머니에게 돌려주고, 뼈는 아버지에게 돌려준 뒤에, 본래의 몸을 나타내고 큰 신통을 부리면서 부모를 위하여 설법하였다."라고 하였다.

33) 난주(攔住) : 가로막다. 차단하다.

34) 망풍(望風) : 몰래 동정을 살피다.

라고 애원할 수 있을 뿐이다. 만약[35] 머뭇거린다면, 마치 창문을 사이에 두고 달리는 말을 구경하는 것처럼 눈을 어둡게 할 것이니, 벌써 기회를 놓쳤다.[36]

게송으로 말한다.

큰길에는 문이 없으니
천차만별한 곳에 모두 길이 있다.
이 관문을 뚫으면
우주에 홀로 거닐 것이다.

禪宗無門關

佛語心爲宗, 無門爲法門. 旣是無門, 且作麼生透? 豈不見道? 從門入者, 不是家珍, 從緣得者, 始終成壞. 恁麼說話, 大似無風起浪好肉剜瘡, 何況滯 言句, 覓解會? 掉棒打月, 隔靴爬痒, 有甚交渉? 慧開, 紹定戊子夏, 首衆于 東嘉龍翔, 因衲子請益, 遂將古人公案, 作敲門瓦子. 隨機引導學者, 竟爾抄 錄, 不覺成集. 初不以前後敍列, 共成四十八則, 通曰無門關. 若是箇漢, 不 顧危亡, 單刀直入, 八臂那吒, 攔他不住, 縱使西天四七, 東土二三, 只得望 風乞命. 設或躊躇, 也似隔窓看馬騎, 貶得眼來, 早已蹉過. 頌曰:
大道無門, 千差有路. 透得此關, 乾坤獨步.

---

35) 설혹(設或) : 만일. 만약.
36) 차과(蹉過) : ①과오. 허물. 잘못. 실패. ②(기회를) 놓치다. 스치고 지나가다. 실 패하다.

무문관(無門關)

참학參學[37] 비구比丘 미연종소彌衍宗.紹 편집編輯

---

37) 참학(參學) : 문하(門下)에 참여하여 배우다. 배우다.

제1칙 조주의 강아지 趙州狗子

[고칙(古則)]

조주(趙州)[38]는, 어떤 승려가 "개에게도 불성(佛性)[39]이 있습니까?"[40]라고 물으니,[41] "없다."라고 말했다.[42]

趙州和尚, 因僧問: "狗子還有佛性也無?" 州云: "無."

---

38) 조주종심(趙州從諗) : 778-897. 남악(南嶽)의 문하. 조주전심(曹州全諗)이라고도 한다. 산동성(山東省) 조주(曹州) 학향(郝鄉)의 사람. 성은 학씨(郝氏). 어릴 때 조주의 호통원(扈通院)에 출가하였다. 지양(池陽)에 이르러 남전보원(南泉普願)에게 알현하고 계오(契悟)하였다. 그 뒤에 황벽(黃檗)·보수(寶壽)·염관(鹽官)·협산(夾山) 등을 역참(歷參)하다가, 여러 사람의 청에 의하여 조주(曹州; 하북성) 관음원(觀音院)에 주석하여 40년간 독자의 선풍(禪風)을 선양하였다. 문답(問答)과 시중(示衆)의 공안(公案)으로 전하는 것이 많다. 당의 건령(乾寧) 4년 11월 2일 시적하였다. 세수(世壽)는 120세. 진제대사(眞際大師)라고 시호하였고, 저술에는 『조주록(曹州錄)』, 『진제대사어록(眞際大師語錄)』 3권이 있다.

39) 불성(佛性) : ①부처의 본성. 깨달음인 본성. ②깨달을 가능성. 여래장(如來藏).

40) 환(還) – 야무(也無) : –도 –인가? –도 –이냐?

41) 인(因) : ①–할 때에. –하자. ②–하기 때문에. –때문에. –한 까닭에.

42) 이 이야기는 『조당집』, 『전등록』, 『광등록』, 『속등록』 등에는 등장하지 않고, 1183년 편찬된 『연등회요』에 처음 등장한다. 전체 내용은 다음과 같다 : 어떤 승려가 물었다. "개에게도 불성이 있습니까?" 조주가 말했다. "없다." 승려가 말했다. "위로는 모든 부처에서 아래로는 개미에 이르기까지 모두 불성이 있는데, 개에게는 어찌하여 없습니까?" 조주가 말했다. "그에게 업식(業識)이 있기 때문이다."(僧問: "狗子還有佛性也無?" 師云: "無." 僧云: "上至諸佛下及螻蟻, 皆有佛性, 狗子爲甚麼卻無?" 師云: "爲伊有業識在.")

[군소리]

나는 "있다."고 답한다. 왜냐고? 이유를 묻는 자는 30대 맞아야한다. "없다." 하든 "있다." 하든 개의 문제가 아니라 당신의 문제다.

[무문(無門)의 말]

참선(參禪)[43]은 반드시 조사(祖師)의 관문을 뚫어야 하고, 묘한깨달음에 도달하려면 마음[44]이 끊어져야 한다.

조사의 관문을 뚫지 못하고 마음이 끊어지지 않으면, 모두가 풀에 의지하고 나무에 붙어 사는[45] 도깨비[46]이다.

말해 보라.

무엇이 조사의 관문인가?

다만 이 한 개 "없다."는 글자가 바로 종문(宗門)의 한 관문이다.

그러므로 그것을 일러 선종무문관(禪宗無門關)이라고 부른다.

이 한 글자 "없다."라는 관문을 뚫고 지나갈 수 있다면, 조주를

---

43) 참선(參禪) : 선(禪)에 참여하다. 도(道)에 들어가다.

44) 심로(心路) : 마음. 마음씨. 생각.

45) 의초부목(依草附木) : ①남의 권세를 등에 업고 나쁜 짓을 하다. ②여러 가지 연줄에 의지하다. 남에게 의지하여 자주적이지 못하다. ③공부인이 생각이나 느낌 등의 분별된 경계에 의지하여 해탈하지 못한 것을 가리킴.

46) 정령(精靈) : 도깨비.

47) 미모시결(眉毛廝結) : 직역하면 '눈썹을 서로 매다'는 뜻으로, 가까이 마주하여 있음을 가리킨다. 시(廝)는 '서로'라는 뜻의 부사. ①착 달라붙어 놓지 않고 한판겨루다. ②한곳에 모이다. 한곳에서 합하다. =미모상결(眉毛相結).

직접 만날 뿐만 아니라 바로 역대 조사들과 손을 맞잡고 함께 걸어가며 눈썹이 서로 엉킬 정도로 얼굴을 맞대고[47] 같은 눈으로 보고 같은 귀로 들을 것이니, 어찌 즐겁지 않으랴?

관문을 통과하고자 하는 자가 있느냐?

360개의 뼈마디와 8만 4천 개의 털구멍에 이르기까지 온몸이 한 개 의문 덩어리가 되어, 이 한 글자 "없다!"를 참구(參究)[48]하라.

밤낮으로 "없다!"를 자신에게 일깨워 주되,[49] '텅 비어 전혀 없다'

---

48) 참(參) : 지금은 일반적으로 "화두를 참구한다."고 표현하는 경우가 많지만, 당송(唐宋) 시대의 선승(禪僧)들은 주로 '참(參)'이라고 하였지 '참구(參究)'라는 표현은 거의 사용하지 않았다. 당시의 문헌을 조사해 보면, 화두(話頭) 혹은 선(禪)을 공부하라는 의미에서 했던 말은 주로 '참(參)'이라는 표현이었다. 참(參)에는 '(어떤 것, 일, 행사에) 참여하다'와 '(윗사람을) 만나뵙다'의 두 가지 의미가 있다. 참선(參禪; 선에 참여하다), 참구(參究; 탐구에 참여하다), 참학(參學; 배움에 참여하다), 참상(參詳; 자세히 밝힘에 참여하다), 참당(參堂; 법당의 법회에 참여하다) 등의 단어에서는 '참여하다'(동참(同參)하다)는 뜻으로 사용되었고, 참례(參禮; 만나뵙고 인사하다), 참견(參見; 만나뵙다), 참문(參問; 만나뵙고 묻다), 자참(咨參; 물어보려고 찾아뵙다), 내참(來參; 와서 만나뵙다) 등의 단어에서는 '만나뵙다'는 뜻으로 사용되었다. 화두(話頭)를 참(參)한다고 하는 경우에, '참(參)'은 참선(參禪)이나 참학(參學)과 마찬가지로 '참여하다', '동참하다'는 뜻이라고 보아야 하고, 이 뜻은 결국 간화(看話)에 동참하여 간화(看話)를 행하라는 뜻이다. 특히 대혜는 다만 화두에 동참하고만 있고, 깨달음을 기다리지는 말라고 하는데, 참(參)의 진정한 뜻이 바로 여기에서 드러난다.

49) 제시(提撕) : 한문 전적(典籍)에서 제시(提撕)의 사례를 보면 다음과 같다. ①일깨워 주다.(『詩經, 大雅, 抑』匪面命之, 言提其耳.「鄭玄箋」親是撕其耳.) ②교도(敎導)하다. 깨우쳐 주다.(北齊 顔之推『顔氏家訓, 序致篇』業以整齊門內, 提撕子孫.) ③떨쳐 일으키다. 진작(振作)하다.(唐 韓愈『南內朝賀歸呈同官詩』所職事無多, 又不自提撕.) 이처럼 제시(提撕)는 '(마음을) 일깨우다', '(양심을) 일깨우다', '깨우쳐

라고 이해해서도 안 되고, '있다'와 '없다'라고 이해해도 안 된다.

마치 한 개의 뜨거운 쇠구슬을 삼킨 것과 같아서 토해 내려고 하여도 토해 내지 못하게 되면,[50] 종전의 나쁜 지식과 나쁜 깨달음이 모두 없어지게 된다.

이렇게 오래오래 순수하게 익으면, 저절로 안팎이 한 덩어리가 된다.[51]

그리하여 마치 벙어리가 꿈을 꾼 것처럼 다만 자신만이 알 뿐이게 되면, 갑자기[52] (앞을 막고 있던 장애물을) 내쫓아 버리며[53] 하늘을 놀라게 하고 땅을 진동시킬 것이다.

이제는 마치 관운장의 청룡도를 빼앗아 손에 넣은 것과 같아서, 부처를 만나면 부처를 죽이고 조사를 만나면 조사를 죽여서 생사(生死)[54]의 이 언덕에서 대자재(大自在)를 얻고, 육도사생(六道四

撕)한다'고 하는 것은 '화두를 일깨우다', '화두에 주의를 돌리다'는 뜻이다. 그러나 거각(擧覺)의 경우처럼 제시(提撕)도 제(提)와 시(撕)의 합성어로서의 의미가 있다고 보아야 한다. '말을 꺼내다', '끄집어내어 말하다', '언급하다', '제시(提示)하다', '제출하다'는 뜻인 제(提)와 '일깨우다', '깨우치다'는 뜻인 시(撕)가 합성된 말이다. 그러므로 제시(提撕)는 '(무슨 말을) 끄집어내어 말하여 일깨우다', '(무슨 말을) 제시하여 깨우쳐 주다', '(무슨 말을) 언급하여 일깨우다'는 뜻이다.

50) 금강권(金剛圈) · 율극봉(栗棘蓬)이다..

51) 타성일편(打成一片) : 한 덩어리가 되다. 한데 뭉치다. (주로 감정이나 생각이 융합되는 것을 가리킨다.)

52) 맥연(驀然) : 갑자기. 돌연. 문득. =맥지(驀地).

53) 타발(打發) : ①보내다. 파견하다. ②내쫓다. 떠나가게 하다.

54) 생사(生死) : =생멸(生滅). jāti-marana 중생의 일생. 시작과 끝을 말함. 선마말

生)[55] 속에서 삼매(三昧)를 가지고 놀 것이다.

　　그럼 "없다!"를 자신에게 어떻게 일깨워 주어야 하는가?

　　죽을힘을 다하여 "없다!"를 자기에게 말해 주어라.[56]

　　만약 끊어진 틈이 생기지 않는다면, 마치 법의 초에 한 번 불을 붙여서 바로 불이 붙는 것과 같을[57] 것이다.

랄남(囕摩末剌諵), 사제말랄남(闍提末剌諵)이라 음역. 이에 분단생사(分段生死)・변역생사(變易生死)의 구별이 있음.

55) 육도사생(六道四生) : 육도(六道)는 중생의 업인(業因)에 따라 윤회하는 길을 6으로 나눈 것으로 지옥도(地獄道)・아귀도(餓鬼道)・축생도(畜生道)・아수라도(阿修羅道)・인간도(人間道)・천상도(天上道). 사생(四生)은 육도(六道)에 살고 있는 모든 중생을 가리키는데, 태어나는 방식에 따라 넷으로 나뉘므로 사생이라 한다. 모태에서 태어나는 태생(胎生), 알에서 태어나는 난생(卵生), 습기 가운데서 태어나는 습생(濕生), 과거의 자신의 업(業)에 의해 태어나는 존재인 화생(化生)이 그 것이다. 인간과 짐승은 태생이고, 천인(天人)과 지옥(地獄)의 중생은 화생이다.

56) 거(擧) : 말하다.(『廣韻, 語韻』擧, 言也. 『正字通, 曰部』擧, 稱引也. 『禮記, 雜記下』過而擧君之諱則起 『鄭玄注』擧, 猶言也. 唐, 韓愈『原道』不惟擧之于其口, 而又筆之于其書.) 말해 주다. 예를 들다. 일화를 말하다. 인용하여 말하다. 제시(提示)하다. 기억해 내다.(=기득(記得)) 거(擧)는 이전의 이야기나 남의 말을 그대로 인용하여 타인에게 말해 준다는 뜻. 종사(宗師)가 상당하여 설법할 때에 경전의 이야기나 옛 조사나 종사의 인연(因緣) 혹은 공안(公案)을 끄집어내어 인용하여 말해 주는 것을, 그 설법을 기록하는 자가 거(擧)라는 말로써 표현하였다.

57) 호사(好似) : ―와 비슷하다. 마치 ―같다.

無門關

參學比丘彌衍宗紹編

無門曰："參禪須透祖師關, 妙悟要窮心路絕. 祖關不透, 心路不絕, 盡是依草附木精靈. 且道. 如何是祖師關? 只者一箇無字, 乃宗門一關也. 遂目之曰: 禪宗無門關. 透得過者, 非但親見趙州, 便可與歷代祖師, 把手共行, 眉毛廝結, 同一眼見, 同一耳聞, 豈不慶快? 莫有要透關底麼? 將三百六十骨節, 八萬四千毫竅, 通身起箇疑團, 參箇無字. 晝夜提撕, 莫作虛無會, 莫作有無會. 如吞了箇熱鐵丸相似, 吐又吐不出, 蕩盡從前惡知惡覺. 久久純熟, 自然內外, 打成一片. 如啞子得夢, 只許自知, 驀然打發, 驚天動地. 如奪得關將軍大刀入手, 逢佛殺佛, 逢祖殺祖, 於生死岸頭, 得大自在, 向六道四生中, 遊戲三昧. 且作麼生提撕? 盡平生氣力, 舉箇無字. 若不間斷, 好似法燭一點便著."

[군소리]

진실로 원하면 얻을 것이지만, 털끝만큼이라도 방법을 찾는다면 영원히 얻지 못할 것이다.

[무문의 송(頌)]

개의 불성이라

바른 명령[58]을 온전히 제시하지만,

---

58) 정령(正令) : 불조(佛祖)의 바른 법령(法令). 일반적으로 불법(佛法)을 가리키며,

있고 없음과 관계하자마자[59)]

목숨을 잃는다네.[60)]

頌曰: "狗子佛性, 全提正令. 纔涉有無, 喪身失命."

[군소리]

본래 가로막는 것이 없는데, 스스로 묶여 있으려 하다니!

[총평]

참구해도 어긋나고

참구하지 않아도 어긋난다.

'무'가 무엇인가?

다만 '무'일 뿐이다.

선에서는 교외별전(敎外別傳)의 종지(宗旨)를 뜻한다.

59) 재(纔) : ①막. 방금. 비로소. 이제 막. ②−하기만 하면. −하자마자. ③겨우. 다만. ④만일. 만약.

60) 상신실명(喪身失命) : 몸을 다치고 목숨을 잃다. 『임제록』에 이런 구절이 있다 : 임제가 법당(法堂)에 올라 말하였다. "대중들이여, 무릇 법(法)을 위하는 자는 몸을 상하고 목숨 잃을 것을 두려워해서는 안 된다. 내가 황벽 화상을 모실 때 세 번 몽둥이를 맞았는데, 마치 쑥대로 스치는 것 같았다."(師上堂云: "大衆, 夫爲法者, 不避喪身失命. 我於黃檗和尚處, 三度喫棒, 如萌枝拂相似.")

제2칙 백장의 여우 노인 百丈野狐

[고칙]

　백장(百丈)[61]이 매번 법당(法堂)[62]에 올라 법회(法會)[63]를 열 때마다 어떤 노인이 대중과 함께 설법을 듣고는 대중이 물러가면 노인 역시 따라서 물러가곤 했는데, 하루는 물러가지 않고 있었다. 그

---

61) 백장회해(百丈懷海) : 749-814. 복주(福州; 福建省) 장락(長樂) 사람이다. 성은 왕(王)씨이며, 대지(大智)·각조(覺照)·홍종묘행(弘宗妙行) 등의 시호가 있으며, 일반적으로는 '백장 선사'로 불린다. 20세에 서산혜조(西山慧照)에게 출가하였고, 남악(南岳)의 법조(法朝) 율사에게서 구족계를 받았다. 여강(廬江; 安徽省)에서 대장경을 열람하였고, 마조도일에게 참학하여 인가를 받았다. 그 후 회해에게 귀의한 사방의 승려와 속인들이 상의하여 홍주(洪州; 江西省) 봉신현(奉新縣)의 대웅산(大雄山)에 사찰을 건립하였다. 백장산(百丈山) 대지수성선사(大智壽聖禪寺)에서 회해는 개조가 되었고, 여기에서 선풍을 크게 고취시켰다. 그의 저서 『백장청규(百丈淸規)』는 서문만 전하고 있지만, 그가 선림의 청규를 개창하였음은 중국 선종사상사에서 엄연한 일이다. 그로부터 선은 중국의 풍토와 생활에 알맞은 것이 되었다. 위산영우(潙山靈祐), 황벽희운(黃檗希運) 등 수많은 제자들을 배출하였다. 당(唐) 원화(元和) 9년에 입적하였으니, 세수 66이었다.

62) 법당(法堂) : 법(法)을 드러내어 전해 주는 집이라는 뜻으로, 불상(佛像)을 모신 불전(佛殿)과는 대비되는 말이다. 조실(祖室)이나 방장(方丈) 등 사찰의 지도자가 대중을 위하여 법(法)을 설하는 장소. 본래 중국의 선종 사찰에서는 앞쪽에 불전을 뒤쪽에 법당을 배치하여, 불전에서는 불상 앞에서 행하는 사찰의 여러 가지 법식(法式)을 행하고, 법당에서는 주로 설법(說法)을 하여 이심전심(以心傳心)의 장소로 삼았다.

63) 법회(法會) : 설법(說法)하는 집회. 승려와 신도가 한곳에 모여 불법을 가르치고 배우는 모임.

37

리하여 백장이 물었다.

"앞에 서 있는 자는 어떤 사람인가?"

노인이 말했다.

"예! 저는 사람이 아닙니다. 과거 가섭불[64] 시대에 이 산에서 주지(住持)를 했는데, 어떤 학인으로부터 '지극히[65] 수행한 사람도 인과(因果)[66]에 떨어집니까?'라는 질문을 받고서 저는 '인과에 떨어지지 않는다.'라고 대답하였습니다. 이 때문에 오백(五百) 생애를 여우몸 속에 떨어져 있었습니다. 이제 스님께 청하오니, 저를 대신하여 한마디 알맞은 말씀[67]을 하셔서 여우몸에서 벗어나게 하여 주십시오."

그러고는 물었다.

"지극히 수행한 사람도 인과에 떨어집니까?"

백장이 말했다.

---

64) 가섭불(迦葉佛) : Kassapa Buddha. 석가모니를 포함하여 그 이전의 과거칠불(過去七佛) 가운데 여섯 번째 부처. 현겁(賢劫) 천불(千佛)의 세 번째로 석가모니의 전생(前生)이다. 사람의 수명이 2만 세인 때에 출현한 부처님으로, 가섭(迦葉)이라는 성의 바라문 씨족이다. 급비왕(汲毘王)의 수도 바라나시에서 태어나서 니야그로다 나무 아래에서 깨달았다. 한 번의 설법으로 2만 명을 제도하였다고 한다.

65) 대(大) : 매우. 지극히. 심하게.

66) 인과(因果) : 인과법(因果法). 원인과 결과가 있는 법. 인과응보(因果應報)의 법. 업을 지으면 과보를 받는 법. 세간의 이법(二法)을 말한다. 불법은 비인비과(非因非果), 불생불멸(不生不滅)의 불이중도(不二中道)이다.

67) 일전어(一轉語) : 그때그때의 상황에 알맞은 말을 자유자재하게 사용하여 선지(禪旨)를 가리키는 것. 심기(心機)를 바꾸어서(一轉) 깨닫게 하는 힘이 있는 말이라는 뜻.

"인과에 어둡지 않다."

노인은 이 말을 듣고 크게 깨닫고는 절을 하고 말했다.

"저는 이미 여우몸을 벗었습니다. 산 뒤쪽에 있을 것이니, 스님께서는 승려가 죽은 것처럼 처리해 주시기 바랍니다."

백장은 유나(維那)[68]에게 일러 종을 쳐서 대중에게 식사 후에 죽은 승려를 장사 지낸다고 알리게 하였다. 대중이 서로 수군거렸다.

"모든 대중이 평안하고 열반당[69]에도 병든 사람이 없는데 무슨 까닭으로 이런 말을 할까?"

식사가 끝난 뒤에 백장은 대중을 이끌고 산 뒤의 바위 아래에 이르러, 주장자를 가지고 한 마리 죽은 여우를 꺼내어, 승려의 예에 따라 화장(火葬)을 하도록 하였다.

백장은 저녁에 법당에 올라 앞의 이야기를 하였는데, 황벽이 곧 물었다.

"옛사람은 한마디 알맞은 말을 잘못 대답하여[70] 오백 생을 여우몸 속에 떨어져 있었는데, 한마디 한마디[71]에 잘못이 없다면 어떻게 될까요?"[72]

---

68) 유나(維那) : 선원(禪院)의 기강(紀綱)을 바로잡는 직책. 범어 Karmadāna의 음역(音譯)이다. 의역(意譯)으로는 열중(悅衆)이라고 한다.

69) 열반당(涅槃堂) : 선원(禪院)에서 병든 승려를 수용하고, 입멸할 수 있도록 하는 당(堂宇). 보통 연수당(延壽堂)이라고 하는데, 본래는 무상원(無常院) · 무상당(無常堂) · 성행당(省行堂) · 장식료(將息寮) 등으로도 불림.

70) 지대(祇對) : = 지대(只對). 응대하다. (공경하게) 응대하다. 응답하다.

71) 전전(轉轉) : ①점점(漸漸). 차츰차츰. 차차. ②하나하나. 한마디 한마디.

72) 합(合) : =응(應), 당(當). 응당 -해야 한다. 마땅히 -해야 한다. 응당 -일 것이

백장이 말했다.

"가까이 오면 말해 주겠다."

황벽은 이에 가까이 다가가서 백장을 손바닥으로 한 차례 때렸다. 백장이 손뼉을 치고 웃으며 말했다.

"오랑캐의 수염[73]은 붉다고 들었는데,[74] 또 여기 붉은 수염의 오랑캐가 있구나."[75]

百丈和尙, 凡參次有一老人, 常隨衆聽法, 衆人退老人亦退, 忽一日不退. 師遂問: "面前立者, 復是何人?"老人云: "諾! 某甲非人也. 於過去迦葉佛時, 曾住此山, 因學人問: '大修行底人, 還落因果也無?'某甲對云: '不落因果.' 五百生墮野狐身. 今請和尙, 代一轉語, 貴脫野狐." 遂問: "大修行底人, 還落因果也無?"師云: "不昧因果." 老人於言下大悟, 作禮云: "某甲已脫野狐身. 住在山後, 敢告和尙, 乞依亡僧事例." 師令無[76]維那白槌告衆, 食後送亡僧. 大衆言議: "一衆皆安, 涅槃堂又無人病, 何故如是?"食後只見師領衆, 至山後巖下, 以杖挑出一死野狐, 乃依火葬. 師至晚上堂,

---

다. —하게 될 것이다.

73) 호수(胡鬚) : ①구레나룻. 귀밑에서 턱까지 더부룩하게 난 수염. ②오랑캐의 수염. 선어록(禪語錄)에선 보리달마(菩提達摩)의 수염을 가리킴.

74) 장위(將謂) : —라고 여겼는데(결국 그렇지 않다는 뜻을 내포함). —라고 잘못 알다. =장위(將爲).

75) 이 이야기는 『조당집』, 『전등록』에는 등장하지 않고, 1036년 편찬된 『천성광등록』에 최초로 등장한다.

76) 無 : 잘못 들어간 글자. 생략하고 해석해야 함.

舉前因緣, 黃蘗便問: "古人錯祇對一轉語, 墮五百生野狐身, 轉轉不錯, 合作箇甚麼?" 師云: "近前來, 與伊道." 黃蘗遂近前, 與師一掌. 師拍手笑云: "將謂胡鬚赤, 更有赤鬚胡."

[군소리]

하루 종일 서울로 다니고 대구로 다니고 부산으로 다니며 많은 사람을 만났는데, 꿈을 깨고 보니 의자에 앉아 잠시 졸았구나.

[무문의 말]

"인과에 떨어지지 않는다."는 어찌하여 여우몸에 떨어지고, "인과에 어둡지 않다."는 어찌하여 여우몸에서 벗어날까? 만약 여기에서 한 개 눈[77]을 갖출 수 있다면, 앞선 백장이 멋들어진[78] 오백생을 누렸음[79]을 바로 알 수 있을 것이다.

無門曰: "不落因果, 爲甚墮野狐? 不昧因果, 爲甚脫野狐? 若向者裏著得一隻眼, 便知得前百丈贏得風流五百生."

---

77) 일척안(一隻眼) : 한 개의 눈. ①온전한 두 눈이 아닌 치우친 한 개의 눈. 애꾸눈. 이(理)에 치우치거나 사(事)에 치우쳐서 이사(理事)에 무애(無碍)하지 못한 눈. ②둘로 보는 육안(肉眼)이 아닌, 둘 아닌 불법(佛法)을 보는 유일한 눈. 법을 보는 바른 안목(眼目), 또는 그것을 갖춘 사람을 뜻한다. 정문안(頂門眼), 정안(正眼), 활안(活眼), 명안(明眼) 등과 같은 말. 여기에서는 ②번의 뜻이다.

78) 풍류(風流) : 우아하고 멋스러운 정취(情趣). 또는 선인(先人), 성현(聖賢)들의 유풍(遺風)이나 가풍을 말함.

79) 영득(贏得) : 이기다. 얻다. 이익을 남기다. ↔수(輸).

[군소리]

자기 눈이 밝으면 남에게 허물이 없고, 자기 눈이 어두우면 남의 허물을 본다.

[무문의 송]

떨어지지 않는다, 어둡지 않다

한 번 던져 둘 모두 이겼고,[80]

어둡지 않다, 떨어지지 않는다

천 번도 어긋나고 만 번도 어긋났다.

頌曰: "不落不昧, 兩采一賽. 不昧不落, 千錯萬錯."

[군소리]

공적으로는 바늘 하나도 용납하지 않지만, 사사로이는 수레도 통과한다.

[총평]

많이 수행한 사람은

---

80) 양채일새(兩采一賽) : 주사위 하나를 던져 두 번의 이긴 눈금이 나오다. 하나의 행동으로 양쪽 모두 승리를 얻는다는 말. '두 사람의 승부가 나지 않았다', '둘 다 이겼다'는 뜻. 새(賽)는 주사위, 채(采)는 이긴 눈금을 가리킨다. 일채양새(一彩兩賽) 참조.

스스로 인과를 만들고,
수행하지 않는 사람은
영원히 인과에 매여 있다.

제3칙 구지, 손가락을 세우다 俱胝豎指

[고칙]

구지(俱胝)[81] 화상은 질문을 받을 때마다 다만 하나의 손가락을 들 뿐이었다.

뒷날 한 동자(童子)를 데리고 있었는데, 밖에서 찾아온 사람이 "구지 스님은 어떤 법(法)을 말씀하시느냐?" 하고 물었을 때, 그 동자도 손가락을 세웠다.

구지가 그 이야기를 듣고는, 칼을 가지고 동자의 손가락을 잘라 버렸다. 동자는 아픔을 못 이겨 울면서 도망갔는데, 구지가 다시 동자를 불렀다. 동자가 머리를 돌리자, 구지가 도리어 손가락을 세웠다. 이에 동자가 문득 깨달았다.

구지가 세상을 떠날[82] 때가 되어 대중에게 말했다.

"나는 천룡(天龍) 스님에게서 한 손가락 선(禪)을 얻어서 일생 동

---

81) 금화구지(金華俱胝) : 당대(唐代) 선승. 남악(南嶽) 문하. 금화산(金華山)에 머물 렀다. 무주(婺州) 금화(金華) 출신. 항주(杭州)의 천룡(天龍) 선사에게서 공부할 때, 천룡이 손가락 하나를 세워서 보여 주자 홀연 깨달았다. 그 뒤 사람들이 가 르침을 청하면 언제나 손가락 하나를 세워 보여서 답하였으므로, 그를 가리켜 구지일지(俱胝一指) 혹은 일지두선(一指頭禪)이라고 부른다.

82) 순세(順世) : 선승(禪僧)의 죽음. 시적(示寂), 천화(遷化)와 같음. 세상의 인연에 따른다는 뜻인데, 본래 삶과 죽음이 따로 없지만 세간의 인연에 따라서 육체가 사라진다는 뜻.

안 누리고도[83] 다 누리지 못했다."

말을 마치고 세상을[84] 떠났다.[85]

俱胝和尙, 凡有詰問, 唯擧一指. 後有童子, 因外人問: "和尙說何法要?"
童子亦竪指頭. 胝聞, 遂以刃斷其指. 童子負痛號哭而去, 胝復召之. 童子
迴首, 胝却竪起指. 童子忽然領悟. 胝將順世, 謂衆曰: "吾得天龍一指頭禪,
一生受用不盡." 言訖示滅.

[군소리]

모두들 본래부터 모자람 없이 누리고 있으면서도 다들 찾아서
헤매고 있구나.

[무문의 말]

구지와 동자가 깨달은 곳은 손가락 위에 있지 않다. 만약 여기
에서 알아볼 수 있다면, 천룡과 구지와 동자와 자기가 한 꼬치[86]
로 꿰일 것이다.

---

83) 수용(受用) : 누리다. 향유하다. 법을 얻어서 그 법을 누리고 향유한다는 말.
84) 시적(示寂) : 적(寂)은 적멸(寂滅)의 뜻. 승려가 죽는 것을 부처의 입멸(入滅)에
   견주어 하는 말.
85) 구지화상이 천룡의 손가락을 보고 깨달았다는 이야기는 『조당집』에서부터 등장
   하는데, 동자가 손가락을 베이고 깨달았다는 내용은 『전등록』에서부터 등장한
   다.
86) 일천(一串) : ①한 꼬치. 한 꿰미. ②연달아 이음. 잇댐. ③같은 투(套). 같은 방법.

無門曰: "俱胝幷童子悟處, 不在指頭上. 若向者裏見得, 天龍同俱胝幷童子, 與自己一串穿卻."

[군소리]
스스로 증거를 확인하면, 온 우주가 본래부터 증거하고 있음을 알 것이다.

[무문의 송]
구지는 늙은 천룡을 괴롭히더니[87]
예리한 칼을 한 번 들어 어린아이를 심문하는데,[88]
거령신(巨靈神)[89]이 손을 듦에는 많은 일이 없으니[90]
천 겹 만 겹의 화산(華山)[91]을 찢을[92] 뿐이로다.

---

87) 둔치(鈍置): ①(심신을) 괴롭히다. 놀리다. ②속이다. 조롱하다. 농락하다.

88) 감(勘): ①서로 맞추어 보다. 잘못을 바로잡기 위하여 살펴보다. 옳고 그름을 따져서 가려내다. ②죄상을 캐묻다. 심문하다. ③헤아리다. ④찾아보다. ⑤맞다. 일치하다. ⑥무찌르다. 진압하다. 평정하다.

89) 거령신(巨靈神): 원기(元氣)와 함께 태어난 강물의 신. 분수(汾水)의 하류에서 태어났는데, 화산(華山)에서 자신의 능력을 한 번 과시하였다. 즉, 황하를 가로막고 있는 화산을 손으로 두 조각을 내서 황하가 곧바로 화산을 지나갈 수 있게 하였다. 지금도 화산에는 거령이 산을 갈랐던 손과 발자국이 완연히 남아 있다고 한다.(『수경주(水經注)』하수(河水).)

90) 무다자(無多子): 얼마 없다. 많지 않다. 자(子)는 접미사. 당오대(唐五代)에 작은 수량을 표시하는 단어의 뒤에 사용됨. 사자(些子; 약간의)와 같음.

91) 화산(華山): 중국 섬서성(陝西省) 서안(西安) 동쪽 250리에 있는 큰 산. 태화산(太華山)이라고도 하고, 화산(花山)이라고도 한다. 오악(五岳) 가운데 하나로서

46

頌曰: "俱胝鈍置老天龍, 利刃單提勘小童, 巨靈抬手無多子, 分破華山千萬重."

[군소리]
한번 불이 켜지면 천년 묵은 어둠도 순식간에 사라진다.

[총평]
손가락을 세운다고 하여
법이 서는 것도 아니고,
손가락을 세우지 않는다고
법이 서지 않는 것도 아니다.

[참고]
무문혜개(無門慧開; 1183-1260)가 『무문관』(1228년 간행)에서 고칙공안(古則公案)으로 소개한 48칙은 그 이전의 기록인, 952년 편찬된 『조당집(祖堂集)』, 1004년 편찬된 『경덕전등록(景德傳燈錄)』(약칭 『전등록(傳燈錄)』), 1036년 편찬된 『천성광등록(天聖廣燈錄)』, 1101년 편찬된 『건중정국속등록(建中靖國續燈錄)』(약칭 『속등록(續燈錄)』), 1183년 편찬된 『연등회요(聯燈會要)』, 1204년 편찬된 『가

서악(西岳)으로 불리며, 오악 가운데 가장 험준하다고 한다.
92) 분파(分破) : 찢다. 나누다. 가르다.

태보등록(嘉泰普燈錄)』 등의 기록에 근거하고 있다고 할 수 있다.[93]
여기에서는 무문이 소개한 48개의 고칙이 초기 각 문헌 속에서 어
떤 형태로 나타나 있는지를 소개하여, 애초의 사실에 가까운 기록
이 시간이 지나면서 어떻게 공안의 형태로 바뀌어 가는지를 살펴
보는 기회를 제공하고자 한다.

---

93) 물론 『백장어록(百丈語錄)』이 814년, 『조주록(趙州錄)』이 897년, 『운문광록(雲門
廣錄)』이 949년에 편찬되었다고 하나, 이들 어록(語錄)의 현재 판본은 『백장어
록』의 경우 1085년경에 편찬된 『사가어록』 속에, 『조주록』은 1617년 편찬된 『고
존숙어록(古尊宿語錄)』 속에 들어 있는 것들이다.

① 『조당집』제19권 '구지화상(俱胝和尙)'의 내용

구지가 암자에 머물 때 실제(實際)라는 이름의 비구니가 삿갓을 쓰고 석장(錫杖)을 들고 찾아와 구지를 세 바퀴 돌고서 앞에 석장을 짚고 서서 물었다.

"스님! 만약 저에게 대답하시면, 삿갓을 벗겠습니다."

구지가 대답을 하지 못하고 있자, 그 비구니는 곧 떠나려 했다. 구지가 말했다.

"날이 이미 저물었는데, 하룻밤 묵으시지요."

비구니가 말했다.

"대답하시면 묵겠습니다만, 대답하지 못하면 가겠습니다."

그러고는 가 버렸다. 구지가 탄식을 하며 말했다.

"나는 사문(沙門)인데, 비구니의 웃음거리가 되었구나. 쓸데없이 대장부의 모습만 가지고 있으면서 대장부의 행위가 없구나. 산을 내려가 선지식을 찾아뵈어야 하겠다."

꿈속[94]에서 문득 신인(神人)이 나타나 말했다.

"며칠 있으면 대보살이 찾아와서 스님께 법을 말씀하실 것입니다."

열흘이 지나지 않아 천룡(天龍) 화상이 찾아왔다. 구지는 천룡의 발에 이마가 닿도록 절하며[95] 나아가 맞이하였다. 구지가 천룡

---

94) 연적(宴寂) : ①편안하게 입적(入寂)하다. ②편안하게 잠을 자다.
95) 접족(接足) : 자신의 머리가 상대의 발에 닿도록 하는 절.

을 모시고 서 있을 때 앞의 실제 비구니와의 이야기를 모두 해 주고서 물었다.

"그에게 어떻게 대답해야 했습니까?"

천룡은 손가락 하나를 세웠다. 구지는 그 즉시 크게 깨달았다. 뒷날 구지는 대중에게 말했다.

"나는 천룡 스님의 한 손가락 선을 얻었는데, 평생 쓰고도 다 쓰지 못했다."

師因住庵時, 有尼衆名實際, 戴笠子執錫, 遶師三帀, 卓錫前立, 問師曰: "和尙! 若荅某甲, 則下笠子." 師(無對), 其尼便發去. 師云: "日勢已晚, 且止一宿." 尼云: "若荅得則宿, 若荅不得則進." 前行. 師歎曰: "我是沙門, 被尼衆所笑. 濫處丈夫之形, 而無丈夫之用. 欲出山參尋知識." 宴寂之中, 忽然神人報言: "三五日間, 有大菩薩人到來, 爲和尙說法." 未逾旬日, 天龍和尙到來. 師接足前迎. 侍立之次, 具陳上事. "未審如何對他?" 天龍竪起一指. 師當時大悟. 後來爲衆云: "某甲得天龍和尙一指頭禪, 一生用不盡."

② 『전등록』 제11권 '무주금화산구지화상(婺州金華山俱胝和尙)'의 내용

처음 암자에 머물렀는데, 실제라는 이름의 비구니가 암자에 이르렀다. 삿갓을 쓰고 석장을 쥐고서 구지를 세 바퀴 돌고 말했다.

"말씀하시면 삿갓을 벗겠습니다."

세 번 물었으나, 구지는 모두 대답하지 못했다. 비구니가 곧 가

려 하자, 구지가 말했다.

"날이 이미 저물었으니 하룻밤 묵어 가시지요."

비구니가 말했다.

"말씀하시면 묵겠습니다."

구지는 또 말하지 못했다. 비구니가 떠난 뒤에 구지는 탄식하면서 말했다.

"내가 비록 대장부의 모습을 가지고 있으나, 대장부의 기개(氣槪)가 없구나. 암자를 버리고 여러 곳의 선지식을 찾아뵈어야겠다."

그날 밤 산신(山神)이 나타나 말했다.

"이 산을 떠날 필요가 없습니다. 장차 대보살이 오셔서 스님께 법을 말씀하실 것입니다."

과연 열흘 뒤에 천룡 스님이 암자에 이르렀다. 구지는 맞이하여 절을 올리고는 앞의 일을 모두 말했다. 이에 천룡은 손가락 하나를 세워서 보여 주었다. 구지는 즉시 크게 깨달았다. 이후로 공부하는 승려가 찾아오기만 하면 구지는 오로지 손가락 하나를 세울 뿐 다른 가르침[96]은 없었다. 구지에게 한 동자(童子)가 있었는데, 밖에서 사람들에게 "구지 스님은 어떤 법을 말씀하시느냐?"라는 질문을 받고서, 동자는 손가락을 세웠다. 동자가 돌아와서 구지에게 그대로 말하니, 구지는 칼로 그 손가락을 잘라 버렸다. 동자가 비명을 지르며 달아나는데, 구지가 동자를 불렀다. 동자가 머리를

---

96) 제창(提唱) : ①선(禪)의 종지(宗旨)를 제시(提示)하고 창도(唱道)함. ②선문(禪門)에서 조사어록(祖師語錄)을 강(講)하는 것.

돌리자 구지가 도리어 손가락을 세웠다. 동자는 확 열리면서 깨달았다. 구지가 세상을 떠날 때가 되어서 대중에게 말했다.

"나는 천룡의 한 손가락 선을 얻어 평생 썼는데, 다 쓰지 못했다."

말을 마치고 세상을 떠났다.

初住庵, 有尼名實際到庵. 戴笠子執錫, 繞師三匝云: "道得卽拈下笠子." 三問, 師皆無對. 尼便去, 師曰: "日勢稍晚, 且留一宿." 尼曰: "道得卽宿." 師又無對. 尼去後歎曰: "我雖處丈夫之形, 而無丈夫之氣. 擬棄庵往諸方參尋." 其夜山神告曰: "不須離此山. 將有大菩薩來, 爲和尙說法也." 果旬日天龍和尙到庵. 師乃迎禮, 具陳前事. 天龍豎一指而示之. 師當下大悟. 自此凡有參學僧到, 師唯擧一指無別提唱. 有一童子, 於外被人詰曰: "和尙說何法要?" 童子豎起指頭. 歸而擧似師, 師以刀斷其指頭. 童子叫喚走出, 師召一聲. 童子回首, 師卻豎起指頭. 童子豁然領解. 師將順世, 謂衆曰: "吾得天龍一指頭禪, 一生用不盡." 言訖示滅.

③ 『오등회원』 제4권 '무주금화산구지화상(婺州金華山俱胝和尙)'

처음 암자에 머물 때 실제라는 이름의 비구니가 찾아왔다. 삿갓을 쓰고 석장을 쥐고서 구지를 세 바퀴 돌고 말했다.

"말씀하시면 삿갓을 벗겠습니다."

이와 같이 세 번 물었으나, 구지는 모두 대답하지 못했다. 비구니가 곧 떠나려 하자 구지가 말했다.

"날이 저물었는데 머무는 것이 어떻소?"

비구니가 말했다.

"말씀하시면 머물겠습니다."

구지는 다시 대답하지 못했다. 비구니가 간 뒤에 구지는 탄식하며 말했다.

"내가 비록 대장부의 모습을 가지고는 있으나, 대장부의 기개가 없구나. 암자를 버리고 여러 곳의 선지식을 찾아뵈러 가는 것이 좋겠다."

그날 밤에 산신이 나타나 말했다.

"여기를 떠날 필요가 없습니다. 장차 육신보살(肉身菩薩)이 와서 스님께 법을 말씀하실 것입니다."

열흘이 지나자 과연 천룡 스님이 암자에 이르렀다. 구지가 영접하여 인사를 드리고 앞의 일을 말씀드리니, 천룡이 손가락 하나를 세워 보여 주었다. 구지는 즉시 크게 깨달았다. 이로부터 배우는 자가 찾아와 묻기만 하면 구지는 다만 손가락 하나를 들 뿐이었고, 다른 가르침이 없었다. 구지에게 시중드는[97] 동자가 하나 있었는데, 사람들이 물을 때마다 역시 손가락을 들어서 응대하였다. 사람들이 구지에게 말했다. "스님, 동자도 불법을 압니다. 묻기만 하면 언제나 스님처럼 손가락을 세웁니다." 구지는 어느 날 소매 속에 칼을 숨기고서 동자에게 물었다.

---

97) 공과(供過) : 시중들다.

"네가 불법을 안다고 소문이 났던데, 사실이냐?"

동자가 말했다.

"그렇습니다."

"무엇이 부처냐?"

동자가 손가락을 세우자 구지는 칼로 그 손가락을 잘라 버렸다. 동자가 비명을 지르며 도망가자 구지는 동자를 불렀다. 동자가 머리를 돌리자 구지가 물었다.

"무엇이 부처냐?"

동자는 손을 들었는데 손가락이 보이지 않자, 확 열리면서 크게 깨달았다. 구지는 세상을 떠날 때가 되어 대중에게 말했다.

"나는 천룡 스님에게서 한 손가락 선을 얻었는데, 평생 사용하고도 다 쓰지 못했다."

말을 마치고 세상을 떠났다.

初住庵時, 有尼名實際來. 戴笠子執錫, 遶師三匝曰: "道得卽下笠子." 如是三問, 師皆無對. 尼便去, 師曰: "日勢稍晚, 何不且住?"尼曰: "道得卽住."師又無對. 尼去後師歎曰: "我雖處丈夫之形, 而無丈夫之氣. 不如棄庵往諸方參尋知識去." 其夜山神告曰: "不須離此. 將有肉身菩薩來, 爲和尙說法也." 逾旬果天龍和尙到庵. 師乃迎禮, 具陳前事, 龍豎一指示之. 師當下大悟. 自此凡有學者參問, 師唯擧一指, 無別提唱. 有一供過童子, 每見人問事, 亦豎指祇對. 人謂師曰: "和尙, 童子亦會佛法. 凡有問皆如和尙豎指."師一日潛袖刀子, 問童曰: "聞你會佛法, 是否?"童曰: "是."師

曰："如何是佛?"童豎起指頭，師以刀斷其指．童叫喚走出，師召童子．童
回首，師曰："如何是佛?"童舉手，不見指頭，豁然大悟．師將順世，謂眾
曰："吾得天龍一指頭禪，一生用不盡."言訖示滅．

제4칙 달마에겐 수염이 없다胡子無鬚

[고칙]

혹암(或庵)이 말했다.

"보리달마[98]에게는 어찌하여 수염이 없는가?"[99]

或庵曰: "西天胡子, 因甚無鬚?"

[군소리]

혹암은 입이 없는데도 말을 잘하는구나.

[무문의 말]

---

98) 호자(胡子) : =호자(鬍子). ①수염. 구레나룻. ②마적. 비적. ③(전통극에서) 긴
수염을 단 늙은이 역. ④=호자(胡子). 호인(胡人)을 멸시하는 말. 호로(胡虜). 선
가(禪家)에선 특히 보리달마(菩提達摩)를 가리킴. 호(胡) 즉 호(鬍)는 구레나룻을
가리키고 수(鬚)는 턱수염을 가리키지만, 호수(胡鬚)라고 하면 턱까지 더부룩하
게 난 구레나룻을 가리킨다. 여기에서 서천호자(西天胡子)는 구레나룻이 턱까지
더부룩하게 난 인도 사람이라는 뜻으로서 보리달마를 가리킨다.

99) 『선종송고연주통집(禪宗頌古聯珠通集)』 제40권에 의하면 이 말은 혹암사체(或
庵師體)의 말이 아니고 수암사일(水菴師一)의 말이다 : 임안부(臨安府) 정자수
암(淨慈水菴)의 사일(師一) 선사(불지유(佛智裕)의 법을 이었다)가 실중(室中)에
서 승려에게 물었다. "인도의 오랑캐에게는 어찌하여 수염이 없는가?"(臨安府,
淨慈水菴, 師一禪師, (嗣佛智裕) 室中問僧曰: "西天鬍子, 因甚無鬚?")

참구(參究)하려면 진실로 참구해야 하고, 깨달으려면 진실로 깨달아야 한다.

이[100] 보리달마를 마땅히 한번 직접 만나 보아야 하지만,[101] 직접 만난다고 말한다면 벌써 둘로 갈라졌다.[102]

無門曰: "參須實參, 悟須實悟. 者箇胡子, 直須親見一回始得, 說親見, 早成兩箇."

[군소리]
반드시 깨달아야 하지만, 깨달으면 깨달음이 없다.

[무문의 송]
어리석은 사람 앞에서는
꿈 이야기를 하면 안 되니,
보리달마에게 수염이 없다고 하여
맑은 정신[103]을 흐릿하게 만드는구나.

頌曰: "癡人面前, 不可說夢, 胡子無鬚, 惺惺添懵."

---

100) 자개(者箇): 이. 이것.
101) 직수(直須) ─ 시득(始得): 마땅히 ─ 해야 한다.
102) 분별에 떨어졌다.
103) 성성(惺惺): ①총명하다. ②맑고 고요하다. ③깨어 있다.

[군소리]

어리석은 사람에게는 진실을 말하면 안 되니, 그에게 눈이 없다고 하면 도리어 당신을 맹인이라고 할 것이다.

[총평]

달마에게 수염이 없다니
무슨 잠꼬대를 하는가?
달마에게 수염이 있다는 놈도
한 방 때려 잠을 깨워야 하리.

제5칙 향엄의 나무에 매달린 사람香嚴上樹

[고칙]

향엄(香嚴)[104] 화상이 말했다.

"가령 누군가 나무에 올라가서 입으로 나뭇가지를 물고는 손으로도 가지를 잡지 않고 발로도 나무를 딛지 않고 있는데, 나무 아래의 어떤 사람이 '조사께서 서쪽에서 오신 뜻'[105]을 묻는다고 하자. 대답하지 않으면 그가 묻는 것에 어긋나고, 만약 대답한다면 목숨을 잃을 것이다. 바로 이러한 때에 어떻게[106] 응대할 것인가?"[107]

---

104) 향엄지한(香嚴智閑) : ?-898. 당대(唐代)의 선승. 향엄은 주석한 산 이름이다. 청주(青州) 출신으로, 어렸을 때에 백장회해(百丈懷海) 선사에게 출가하였고, 그 후 위산영우(潙山靈祐)에게 참학하였다. 남양(南陽) 무당산(武當山)에 있는 남양혜충(南陽慧忠) 국사가 주석하였던 퇴락한 도량에서 은거하던 어느 날, 뜰을 청소하다가 던진 기왓장이 대나무에 부딪히는 소리를 듣고 홀연히 깨달아 위산의 법을 이어받았다. 그 후 향엄산(香嚴山)에 머물면서 위산의 종풍을 널리 선양하였다. 광화(光化) 원년에 입적하였다. 게송(偈頌) 200여 편이 있다. 시호는 '습등(襲燈) 대사'이다.

105) 조사서래의(祖師西來意) : 인도 28대 조사(祖師)요 중국 1대 조사인 보리달마(菩提達磨)가 서토(西土; 인도)에서 온 본래 뜻이란 말. 선종의 초조 달마가 전한 불법의 취지(趣旨)란 뜻. 곧 불법의 근본의(根本義), 선의 진면목(眞面目)을 말한다. 조의(祖意)·조사의(祖師意)·서래의(西來意)라고도 한다.

106) 작마생(作麼生) : ①어째서? 왜? ②어떻게? ③어떠하냐? ④무엇하러? =작마(作麼), 즉마(則麼), 자심마(子甚麼), 자마(子麼).

107) 『조당집』 제19권 '향엄화상(香嚴和尙)'에 이 이야기가 나온다. 전체 내용은 다음과 같다 : 향엄이 승려에게 물었다. "예컨대 사람이 높은 나무 위에서 입으로는 나뭇

香嚴和尚云: "如人上樹, 口啣樹枝, 手不攀枝, 脚不踏樹, 樹下有人, 問西來意. 不對卽違他所問, 若對又喪身失命. 正恁麼時, 作麼生對?"

[군소리]

어떻게 응대할지를 찾기 이전에 어떻게 응대할지 고민하는 사람부터 찾아라.

[무문의 말]

설사 폭포처럼 거침없는 말솜씨가 있더라도 전혀 소용없고,[108] 팔만대장경[109]을 설명할 수 있어도 역시 소용없다.

만약 여기에 대답할 수 있다면, 이전에 죽어 있던 것을 살리고 이전에 살아 있던 것을 죽일 것이다.

가지를 물고 발로는 나뭇가지를 밟고 손으로는 가지를 잡지 않고 있는데, 아래에 있는 사람이 '어떤 것이 조사가 서쪽에서 온 뜻인가?'라고 물어서 그에게 말을 해야 한다고 하자. 만약 말을 한다면 떨어져 죽고, 말을 하지 않으면 그 질문에 어긋난다. 이와 같을 때에는 어떻게 그에게 가리켜 주어야 자기의 목숨을 잃지 않을까?' 호두초(虎頭招) 상좌가 되물었다. "나무에 올라갔을 때라면 묻지 않겠습니다. 아직 나무에 올라가지 않았을 때에는 어떻습니까?" 향엄은 "허! 허!" 하고 웃었다.(師問僧: "如人在高樹上, 啣樹枝, 脚下踏樹, 手不攀枝, 下有人問: '如何是西來意?' 又須向伊道. 若道又被撲殺, 不道違於他問. 汝此時作麼生指他, 自免喪身失命?" 虎頭招上座返問: "上樹時則不問, 未上樹時作麼生?" 師笑噓噓)

108) 용불착(用不着): 쓸 수 없다. 소용없다. '불착(不着)'은 '불용(不用)'이나 '불수(不須)'와 마찬가지로 '−할 수 없다'라는 뜻.

109) 일대장교(一代藏敎): 경(經)·율(律)·논(論) 삼장(三藏)을 가리키는데, 일대시교(一代時敎)라고도 한다.

아직 그렇지 못하다면, 곧장 다음 세상[110]을 기다려 미륵(彌
勒)[111]에게 물어보라.

無門曰: "縱有懸河之辨, 總用不著, 說得一大藏敎, 亦用不著. 若向者裏
對得著, 活卻從前死路頭, 死卻從前活路頭. 其或未然, 直待當來問彌勒."

[군소리]
당장 사람의 껍질을 벗어나야 사람의 운명에서 벗어날 것이다.

[무문의 송]
향엄은 참으로 제멋대로이고[112]

---

110) 당래(當來): 미래. 장래.
111) 미륵(彌勒): Maitreya. 대승(大乘)의 보살. 자씨(慈氏)라 번역한다. 인도 바라내
국의 바라문 집에 태어나 석존의 교화를 받고, 미래에 성불하리라는 수기를 받
아, 도솔천에 올라가 있으면서 지금 그 하늘에서 천인들을 교화한다. 석존 입멸
후 56억 7천만 년을 지나 다시 이 사바세계에 출현하여 화림원(華林園) 안의 용
화수(龍華樹) 아래서 성도하여, 3회의 설법으로써 석존의 교화에서 빠진 모든 중
생을 제도한다고 한다. 석존의 업적을 돕는다는 뜻으로 보처(補處)의 미륵이라
하며, 현겁(賢劫) 천불의 제5불(佛)이다. 이 법회를 용화삼회(龍華三會)라 함.
112) 두찬(杜撰): 제 나름으로 말하다. 제멋대로 말하다. 본래는 시문(詩文)이나 그
외의 저작에서 전고(典故)가 없는 것을 제멋대로 서술하는 것. 송대(宋代)의 두
묵(杜默)이 시를 지으면서 율(律)에 맞지 않게 많이 지었는데, 당시의 사람들이
법식에 맞지 않는 것을 '두찬'이라고 한 데서 시작되었다고 한다. 일설에는 도가
(道家)의 책 5천여 권 중에 『도덕경』 2권을 제외하고는 모두 두광정(杜光庭)이
지은 것인데, 허황된 이야기가 많은 것을 이른다고 한다. 또 한(漢)의 전하(田
何)가 역(易)에 달통하여 두릉(杜陵)을 따라 두전생(杜田生)이라고 일컬었지만,

악독하기가 한이 없어서,

납승(衲僧)[113]의 입을 틀어막아

온몸에 귀신의 눈[114]이 솟아오르게 만든다네.

頌曰: "香嚴眞杜撰, 惡毒無盡限, 啞卻衲僧口, 通身迸鬼眼."

[군소리]

향엄은 참으로 자비로워서 사람의 즐거운 꿈을 견딜 수 없는 악몽으로 바꾸는구나.

[총평]

입을 열어서 어긋나면

입을 다물어도 어긋나고,

입을 열어서 알맞으면

입을 다물어도 알맞다.

그의 역학의 사승(師承)이 불분명한 것을 비웃어 두전(杜田) 혹은 두원(杜園)이라고 말하였는데, 이것이 잘못 전해져서 비롯되었다고도 한다.

113) 납승(衲僧) : 납의(衲衣) 즉 누더기 옷을 입은 승려란 뜻. 특히 선종(禪宗)에서 선승(禪僧)을 가리키는 말로 쓴다. =납자(衲子).

114) 귀안(鬼眼) : ①귀신의 눈. 은밀한 것을 꿰뚫어 알 수 있다고 하여, 주로 관상가(觀相家)의 눈을 이른다. ②관상가의 별칭. ③귀안정(鬼眼睛) 혹은 사안(死眼)과 같은 말. 귀신의 눈 또는 죽은 사람의 눈이란 뜻으로, 그릇된 안목 즉 잘못된 견해를 가리킨다. 여기에서는 ③의 뜻.

제6칙 세존께서 꽃을 들다 世尊拈花

[고칙]

세존(世尊)[115]께서 옛날 영취산(靈鷲山)[116] 위의 법회(法會)에서 꽃을 들어 대중에게 보이셨다. 그때 대중은 모두 말이 없었으나,

---

115) 세존(世尊) : 부처님 10호(號)의 하나. 부처님은 온갖 공덕을 원만히 갖추어 세 간을 이익케 하며 세간에서 존중을 받으므로 세존이라 하고, 또 세상에서 가장 높다는 뜻으로 이렇게 부른다.

116) 영취산(靈鷲山) : 범어 Grdhrakūta. 기사굴산(耆闍崛山)의 번역. 중인도 마갈타 국 왕사성 부근에 있는 산. 부처님이 설법하시던 곳으로 『법화경』을 설한 곳으 로 유명하며, 선에서는 염화미소(拈花微笑)로 정법안장(正法眼藏)을 제1조 가 섭(迦葉)에게 전한 곳으로 유명하다. 산 정상에 독수리를 닮은 바위가 있어 붙 여진 이름이다.

117) 가섭(迦葉) : 석가의 십대(十大) 제자 중 한 사람. 음을 따서 마하가섭(摩訶迦 葉), 의역하여 대음광(大飮光)·대구씨(大龜氏)라고도 한다. 인도 왕사성(王舍 城) 마하바드라의 거부였던 브라만 미그루다칼파의 아들. 아내와 함께 출가하 여 석가를 만나 가르침을 받고 제자가 되었는데, 8일 만에 바른 지혜를 깨쳐 자 기 옷을 벗어 석가에게 바친 후 석가가 주는 마을 밖의 쓰레기 더미에서 주워 온 헌옷의 천으로 만든 분소의(糞掃衣)를 입고 아라한과(阿羅漢果)를 얻었다고 한다. 교단(敎團)의 우두머리로서 존경을 받았으며, 석가의 아낌을 받았다. 어 느 날 길게 자란 수염과 헌옷을 입은 채 기원정사(祇園精舍)를 찾아갔을 때 사 람들은 그를 속으로 경멸하였으나, 석가는 "잘 왔다. 가섭이여. 여기 내 자리에 앉아라." 하고는, 가섭존자가 얻은 훌륭한 공덕이 자기 자신이 얻은 공덕과 다 를 바 없다고 칭찬하면서, 석가는 모든 무상(無上)의 정법(正法)을 가섭에게 부 촉(咐囑)하며 자신이 죽은 뒤 모든 수행자의 의지처가 될 것이라고 예언하였다. 십대 제자 중 두타제일(頭陀第一)이다. 바사성(婆娑城)에 머물다가 돌아오는 도 중에 석가가 열반(涅槃)했다는 소식을 듣고, 즉시 쿠시나가라의 천관사(天觀寺)

오직 가섭(迦葉)[117] 존자만 소리 없이 활짝 웃었다.[118] 세존께서 말씀하셨다. "나에게 있는 정법안장(正法眼藏),[119] 열반묘심(涅槃妙心),[120] 실상무상(實相無相)[121]의 미묘법문(微妙法門)[122]을 방편의 문자를 세우지 않고 가르침의 말씀 밖에서 따로 전하여 마하가섭

로 달려가 스승의 발에 예배한 후 다비(茶毘)의식을 집행하였다. 이어 그는 500
명의 아라한을 모아 스스로 그 우두머리가 되어, 아난(阿難)과 우바리(優婆離)
로 하여금 경(經)과 율(律)을 결집(結集)하도록 하였다. 석가가 죽은 뒤 제자들
의 집단을 이끌어 가는 영도자가 되었는데, 선가(禪家)에서는 그를 부법장(付法
藏) 제1조(祖)로 높이 받들고 있다.

118) 파안미소(破顔微笑) : 소리 내지 않고 활짝 웃다.

119) 정법안장(正法眼藏) : 선(禪)의 종지(宗旨), 불법(佛法)의 진의(眞意). 불법(佛法)의
진수(眞髓)를 뜻한다. 안(眼)은 일체의 것을 비추고, 장(藏)은 일체의 것을 포함한
다는 의미다. 그리하여 안장(眼藏)은 모든 것을 비추고 일체를 포함하는 무상(無
上)의 정법(正法)의 공덕(功德)을 나타낸 말이다. 청정법안(淸淨法眼)이라고도 하
며, 선가에서는 이로써 교외별전(敎外別傳)의 심인(心印)을 삼음. 정법(正法)을 깨
달으면 눈이 모든 것을 밝게 보듯이 진실을 남김없이 보게 되므로 안장(眼藏)이라
한다. 『정법안장』의 가장 오래된 주석서인 『정법안장어초(正法眼藏御抄)』에서는
"정법안장은 그대로 불법(佛法)을 가리키는 이름이다."라고 하였다. 정법안장이라
는 말의 출전은 『대범천왕문불결의경(大梵天王問佛決疑經)』이다.

120) 열반묘심(涅槃妙心) : 적멸(寂滅)인 묘한 마음. 깨달아 해탈한 마음을 가리키는
말. 있음과 없음, 주관과 객관의 양변을 떠나 분별할 것이 없으므로 적멸이라
하고, 헤아릴 수 없이 묘하게 드러나 작용하므로 묘심이라고 한다.

121) 실상무상(實相無相) : 진실에는 모습이 없다. 망상에는 모습이 있다는 망상유상
(妄相有相)의 상대어.

122) 미묘법문(微妙法門) : 만법(萬法)의 실상(實相)은 불가사의(不可思議)하므로 미
묘(微妙)하다고 하고, 그 미묘한 법으로 들어가는 문이 부처님의 가르침인 불법
(佛法)이라고 하여 법문(法門)이라 한다.

(摩訶迦葉)에게 부촉(付囑)[123]하노라."[124]

世尊昔在靈山會上, 拈花示衆. 是時衆皆默然, 惟迦葉尊者, 破顏微笑. 世尊
云: "吾有正法眼藏, 涅槃妙心, 實相無相, 微妙法門, 不立文字, 敎外別傳, 付
囑摩訶迦葉."

[군소리]

광고가 언제나 화려한 문구로 눈길을 끄는 이유는 상품을 사도
록 하려는 목적 때문이다. 상품을 사서 직접 사용하여 효과를 보
지 않으면, 광고의 문구는 허황된 거짓말일 뿐이다.

[무문의 말]

석가(釋迦)[125]는 마치 옆에 사람이 없는 듯이 거리낌 없이 행동하

---

123) 부촉(付囑) : 부촉(付囑)이라고도 함. 다른 이에게 부탁함. 부처님은 설법한 뒤
에 청중 가운데서 어떤 이를 가려내어 그 법의 유통(流通)을 촉탁하는 것이 상
례(常例). 이것을 부촉 · 촉루(屬累) · 누교(累敎) 등이라 함. 경문 가운데서 부촉
하는 일을 말한 부분을 「촉루품(囑累品)」, 또는 부촉단(付囑段)이라 하니, 흔히
경의 맨 끝에 있음. 『법화경』과 같은 것은 예외(例外).

124) 『연등회요』 제1권 '석가모니불(釋迦牟尼佛)'에 나오는 내용. 이보다 앞선 판본들
의 내용은 본칙 뒤의 [참고]를 참조하라.

125) 황면구담(黃面瞿曇) : 석가모니. 황면(黃面), 황두(黃頭)라고 약칭. 석가의 탄생
지인 카필라 성의 카필라는 황색(黃色)이라는 뜻이고, 석가의 씨족명은 고오타
마(Gotama. 구담(瞿曇)으로 음역)이므로 이렇게 부른다. 황면노자(黃面老子)라
고도 한다.

여,[126] (애초부터 타인이 없었다.)

양가(良家)의 자녀를 노비(奴婢)로 만들고,[127] (양가의 자녀가 먼저 자신을 노비라 여겼다.)

양 머리를 내걸고 개고기를 파는구나![128] (도리어 싼 개고기를 판다고 하면서 비싼 양고기를 몰래 내주었다.)

제법[129] 기특하다고[130] 여기겠지만, 그런데[131] 당시에 대중이 모두 웃었다면 정법안장을 어떻게 전했을까? (전한다는 말을 하지 않았겠지.)

만일[132] 가섭이 웃지 않았더라면, 정법안장을 또 어떻게 전했을까?

---

126) 방약무인(傍若無人) : 마치 곁에 사람이 없는 것처럼 말이나 행동에 거리낌이 없음. 전국시대 말기에 위(衛)나라 사람 형가(荊軻)는 술과 글을 좋아하고 검술에 뛰어난 비범한 인물이었지만, 위나라에서 자신이 등용되지 않자 연(燕)나라로 가 개 잡는 사람들과 거리에서 술을 마시며 즐기고 또한 축(筑: 대나무로 만든 악기로 거문고와 비슷함)의 명인인 고점리(高漸離)와 사귀었다. 둘이서 술을 마시고 취하면 고점리가 축을 치며 마치 곁에 사람이 없는 것 같이 행동하였다.[방약무인(傍若無人)](『사기(史記)』『자객열전(刺客列傳)』) 여기에서는 법을 보는 안목이 없는 대중 앞에서 자기 혼자만 법을 알고서 "하늘 위와 하늘 아래에서 나 홀로 존귀하다."라고 외치는 석가를 가리키는 말.

127) 압량위천(壓良爲賤) : 양가(良家)의 자녀를 약탈하거나 사들여 노비(奴婢)로 삼다. 스스로 번뇌망상 속에서 살아가는 줄도 모르고 그렇게 사는 것이 당연한 줄로만 알고 살아가는 범부들에게 문득 불법을 보여 줌으로써 '너희는 중생이다.' 하고 선언했다는 뜻. 범부의 어리석음을 일깨우는 석가모니는 중생에게 큰 은혜를 베푸는 것이지만, 어리석음 속에 있는 범부의 입장에선 깨달으라고 요구하는 석가모니가 도리어 성가시게 느껴질 수도 있다.

128) 양두구육(羊頭狗肉) : 양의 머리를 내걸고 개고기를 판다는 뜻으로, 겉과 속이 다르게 하여 사람을 속임을 뜻한다. 불법을 일깨우기 위하여 방편을 세우지만, 진실한 불법은 겉으로 내세운 방편과는 같지 않음을 가리킨다.

(웃는 사람이 없었다면, 웃는 사람이 나올 때까지 자비를 베풀었겠지.)

만약 정법안장에 전해 줄 것이 있다고 한다면, 석가가 세상 사람들 [133]을 속인 것이다. (석가는 속인 적이 없다. 사람들이 스스로 속는 것이지.)

만약 전해 줄 것이 없다고 한다면, 어찌하여 가섭에게만 허락했는가?[134] (무문의 시비심이 너무 심하다.)

無門曰:"黃面瞿曇, 傍若無人, 壓良爲賤, 懸羊頭賣狗肉. 將謂多少奇特, 只如當時大衆都笑, 正法眼藏, 作麽生傳? 設使迦葉不笑, 正法眼藏, 又作麽生傳? 若道正法眼藏有傳授, 黃面老子, 誑諕閭閻. 若道無傳授, 爲甚麽獨許迦葉?"

[무문의 송]

---

129) 다소(多少) : ①(의문사) 얼마? ②(감탄사) 얼마나! ③(부정수량) 얼마간. 얼마쯤. 조금.
130) 기특(奇特) : ①기이하고 특별하다. 매우 흡족하다. ②범어 āścarya. 홀로 우뚝한 것.
131) 지여(只如) : =지우(至于), 약부(若夫), 지여(祗如). ①-에 대하여는. -과 같은 것은. ②예컨대. ③그런데.
132) 설사(設使) : ①설사 -하더라도. 설령(設令) -하더라도. 비록 -하더라도. ②가령. 만약.
133) 여염(閭閻) : ①마을의 문. 마을. ②일반 백성들. 백성(百姓). 민간(民間). ③평민.
134) 전한다고 하면 방편으로 하는 말이지만, 진실은 모두가 본래 가지고 있으니 전할 것이 없다. 전할 것이 없다고 하여 전하지 않으면, 범부들이 깨달을 기회가 없다. 법을 가리키기 위하여 방편을 내세우면 방편에 속을 수 있는 부작용이 있고, 방편을 내세우지 않으면 법을 일깨울 길이 없다.

꽃을 들어 올리자

본분(本分)[135]의 실마리[136]가 벌써 드러났으니,

가섭은 활짝 웃지만

중생들[137]은 어쩔 줄 모른다네.[138]

頌曰: "拈起花來, 尾巴已露, 迦葉破顔, 人天罔措."

[군소리]

꽃을 들든 말든 본분은 언제나 활짝 드러나 있기에 중생이 어쩔 줄 모르는 것이다.

[총평]

세존께서 꽃을 들어서

남김없이 보여 주셨지만,

가섭이 보았다고 했다면

---

135) 본분(本分) : 본래부터 부여받아 타고난 본성(本性). 우리가 타고난 본성은 불이
　　중도(不二中道)이다. 실상(實相) 혹은 진여문(眞如門)이라고도 하며, 시간과 공
　　간이 없는 불이(不二)의 세계. 금시(今時)의 상대어(相對語).

136) 미파(尾巴) : 꼬리. 어떤 대상을 포착하는 수단. 파비(巴鼻)와 같은 말. 본분(本
　　分)의 핵심, 또는 본분을 포착하는 단서를 가리킨다. 직지인심(直指人心)에서는
　　마음을 곧장 가리키지만, 그렇게 곧장 가리키는 것 역시 마음을 깨닫는 하나의
　　실마리다.

137) 인천(人天) : 인간세계와 하늘세계에 사는 사람과 신령 등 여러 중생들.

138) 망조(罔措) : 손을 댈 곳이 없다. 손쓸 수가 없다. 어쩔 수 없다. 어쩔 줄 모른다.

법을 부촉받지 못했으리.

① 『조당집』 제1권 '제칠석가모니불(第七釋迦牟尼佛)'

다시 『열반경』에서 말했다.

"그때 세존께서는 열반하려고 하셨는데, 때마침 가섭이 대중 속에 있지 않았다. 부처님은 여러 제자에게 말씀하셨다. '가섭이 오면 정법(正法)을 널리 알리도록 해야 한다.' 다시 말씀하셨다. '나에게 있는 청정법안(淸淨法眼), 열반묘심(涅槃妙心), 실상무상(實相無相), 미묘정법(微妙正法)을 그대에게 부촉하니 그대는 잘 지키고 지녀라.'"

又『涅槃經』云: "尒時世尊欲涅槃, 時迦葉不在衆會. 佛告諸大弟子: '迦葉來時, 可令宣揚正法.' 又云: '吾有淸淨法眼, 涅槃妙心, 實相無相, 微妙正法, 付囑於汝, 汝善護持.'"

② 『경덕전등록』 제1권 '제일조마하가섭(第一祖摩訶迦葉)'

『열반경』에서 말했다.

"그때 세존께서 열반하려고 하실 때 가섭은 대중 속에 있지 않았다. 부처님이 여러 제자에게 말씀하셨다. '가섭이 오면 정법안장(正法眼藏)을 널리 알리도록 해야 한다.' 그때 가섭은 기사굴 산의 빈발라 굴에 있다가 뛰어난 광명을 보고는 곧 삼매(三昧)에 들어가 깨끗한 천안(天眼)을 가지고 세존을 살펴보니, 희련하(熙連河) 가에서 반열반(般涅槃)에 들고 계셨다. 이에 따르는 무리에게 말했다. '여래께서 열반하시는데, 어찌 그렇게 빨리 열반에 드시나?' 곧 쌍수(雙樹) 사이에 이르러 그리움에 슬피 울면서 세존을 부르니, 부처님께서는 금관(金棺) 속에서 두 발을 내보이셨다. 그때 가섭이 여러 비구에게 말했다. '부처님을 다비(茶毗)했는데, 금강사리(金剛舍利)[139]는 우리의 일이 아니다. 우리는 마땅히 법안(法眼)을 결집(結集)[140]하여 끊어짐이 없도록 해야 한다.'"

---

139) 금강사리(金剛舍利) : 금강(金剛)은 금강석(金剛石), 사리(舍利)는 유골(遺骨). 금강석처럼 불멸의 유골, 즉 부처님의 유골을 가리킴.

140) 결집(結集) : 석존이 멸도한 뒤 그 교법이 흩어지지 않게 하기 위하여, 부처님의 제자들이 저마다 들은 것을 외워, 그 바르고 바르지 못함을 논의하고, 기억을 새롭게 하여 정법(正法)을 편집한 사업. 이 사업은 여러 차례 있었다. 제1결집은 석존이 멸도하던 해에 왕사성 칠엽굴(七葉窟)에서 대가섭(大迦葉)을 상좌(上座)로 5백 비구가 모여 경·율 2장(藏)의 내용을 결정. 이를 5백결집 혹은 상좌결집(上座結集)이라 함. 이 결집에 참가하지 못한 비구들이 따로 굴 밖에서 바사가(婆師迦)를 중심으로 결집한 것을 굴외결집(窟外結集)이라 함. 제2결집은 불멸 후 백 년에 야사(耶舍)의 제의로 비사리(毘舍離)에서 일어난 계율에 대한 10사비법(事非法)을 조사하기 위하여 7백 비구에 의하여 열렸다. 이를 7백결집이라 함. 이때 유법(遺法)의 전체(일설에는 율만이)가 교정되었다. 제3결집은 불멸 후 330년 경 아육왕의 보호 아래 제수(帝須)를 사회로 1천 스님이 모여 파타리자 성에서 3장(藏)을 확정. 이를 1천결집이라 함. 제4결집은 불멸 후 6백년 경 가니색가 왕이 가습미라에서 5백 비구를 소집하여 협(脇)·세우(世友) 두 스님을 상좌(上座)로 그때의 3장을 결집하고, 이에 주석을 붙였다.

『涅槃經』云: "爾時世尊, 欲涅槃時, 迦葉不在衆會. 佛告諸大弟子: '迦葉來時, 可令宣揚正法眼藏.' 爾時迦葉在耆闍堀山賓鉢羅窟, 睹勝光明卽入三昧, 以淨天眼觀見世尊, 於熙連河側入般涅槃. 乃告其徒曰: '如來涅槃也, 何其駛哉?' 卽至雙樹間悲戀號泣, 佛於金棺內現雙足. 爾時迦葉告諸比丘: '佛已茶毘. 金剛舍利, 非我等事. 我等宜當, 結集法眼, 無令斷絶.'"

③『천성광등록』제1권 '천축석가모니불(天竺釋迦牟尼佛)'

여래께서 걸어서[141] 다자탑(多子塔)[142] 앞에 이르러 마하가섭에게 자리를 나누어 앉도록 하셨다. 이윽고 마하가섭에게 말씀하셨다.

"내가 미묘한 정법안장(正法眼藏)을 그대에게 남몰래 부촉한다. 그대는 마땅히 보호하여 미래에 전하여 끊어짐이 없도록 하라. 이 대법안장(大法眼藏)은 이제부터 시작이고, 한 사람씩에게 부촉하되 범부냐 성인이냐를 가리지 마라."

如來經行至多子塔前, 命摩訶迦葉分座令座. 遂告云: "吾以微妙正法眼

---

141) 경행(經行) : 천천히 거니는 것. 좌선하다가 졸음을 막기 위하여, 또는 병을 치료하기 위하여, 또는 식후에 가볍게 운동하는 것.

142) 다자탑(多子塔) : Pahuputraka. 중인도 비야리성(毘耶離城)의 서쪽에 있던 탑 이름. 비야리에 있던 4탑의 하나. 천자탑(千子塔)·다자지제(多子支提)라고도 한다. 왕사성의 어떤 바라문 장자의 아들 딸 각 30인이 모든 인연을 끊고 출가 수도하여 벽지불이 되었다. 그후 그들의 권속들이 그들을 위하여 세운 탑이므로 다자탑이라 한다.(『조정사원(祖庭事苑)』제8권)

藏, 密付於汝. 汝當保護, 傳付將來, 無令斷絶. 此大法眼藏, 自爾爲初, 人囑一人, 不擇凡聖."

④ 『건중정국속등록』 제1권 '정종문(正宗門)'

49년 동안 삼승(三乘)을 드러내셨다. 꽃을 들어 두루 보이심에 미소 지음으로써 처음 전하였는데, 대중 앞에서 정법안(正法眼)을 나타내어 부촉하여 가르침의 말씀 밖에서 행하여 따로 상근기에게 부촉하도록 하셨다.

四十九年, 三乘顯着. 拈花普示, 微笑初傳, 對大衆前, 印正法眼, 囑行教外, 別付上根.

제7칙 조주의 발우 씻기 趙州洗鉢

[고칙]

조주에게 어떤 승려가 물었다.

"저는 총림(叢林)¹⁴³)에 들어온 지 얼마 되지 않습니다. 스님께서 가리켜 주시기 바랍니다."

조주가 말했다.

"죽¹⁴⁴⁾은 먹었느냐?"¹⁴⁵⁾

승려가 말했다.

---

143) 총림(叢林) : 선승(禪僧)들이 모여 공부하는 절. 범어 Vindhyavana를 중국에서 빈다바나(貧陀婆那)로 음역(音譯)하고, 총림(叢林) 혹은 단림(檀林)이라고 의역(意譯)한 것이다. 수행자가 화합하여 일처에 주함이 마치 수목이 우거진 숲과 같다고 하여 붙여진 이름. 지금의 선원(禪苑)·선림(禪林)·승당(僧堂)·전문도량(專門道場) 등과 같이 많은 승려들이 모여 수행하는 곳을 총칭하는 말. 일반적으로 선종(禪宗) 교단에서 선승(禪僧)이 참선수행 하는 도량을 가리키고, 선찰(禪利)의 경우 특히 공덕총림(功德叢林)이라고도 한다. 선종(禪宗)의 본격적인 총림은 백장(百丈; 749-814)에 의하여 개척되었으며, 그의 사후(死後) 중국 각지에 선승들의 정주수도원(定住修道院)이 활발하게 설립되었다. 『백장청규(百丈淸規)』는 선종의 총림규범(叢林規範)이다.

144) 죽(粥) : 선원(禪院)의 아침 공양. 선원에서는 아침 식사를 죽으로 함.

145) 끽죽요야미(喫粥了也未) : 요(了)는 완료를 나타내는 조사. 야(也)는 문장 가운데에 쓰여 둘 중 하나의 선택을 묻는 의문(疑問) 어기사(語氣詞). -인가? -인가? 그러므로 '끽죽요야미(喫粥了也未)'는 '죽을 다 먹었느냐? 아직 안 먹었느냐?'라는 뜻.

"먹었습니다."[146)

조주가 말했다.

"발우[147)를 씻어라."[148)

그 승려는 깨달았다.[149)

　　趙州因僧問："某甲乍入叢林. 乞師指示."州云："喫粥了也未?"僧云：
"喫粥了也."州云："洗鉢盂去."其僧有省.

[군소리]

　　이 약은 평범하고 흔한 약이지만 때로는 효과가 매우 좋아서 만

년 묵은 고질병도 즉시 치료한다.

---

146) 요야(了也) : 요(了)도 야(也)도 문장 끝에 붙어서 완료나 종결을 나타내는 조사.

147) 발우(鉢盂) : 불교에서만 쓰는 독특한 식기(食器). 비구(比丘) 6물(物) 또는 18물
의 하나로서, 발(鉢)이라고도 하며 발우(鉢盂), 바루라고도 쓴다. 이는 범어의
음사인 발다라(鉢多羅)의 약칭이다. 번역하여 응기(應器) 또는 응량기(應量器)
라고도 한다. 즉 부처와 그 제자가 가지는 식기로서, 색과 재질에 관하여는 여
러 가지로 언급하고 있다. 『사분율(四分律)』에 의하면 6종의 발우를 열거하였으
나 대체로 크게는 철발(鐵鉢)과 이발(泥鉢)로 나눈다.

148) 거(去) : 어구(語句) 말미에 붙어서 바람이나 명령을 나타내는 어조사. 착(着)과
같음.

149) 『건중정국속등록』 제21권 '여산나한선원계남선사(廬山羅漢禪院系南禪師)'에 나
오는 내용. 『경덕전등록』 제10권 '조주관음원종심선사(趙州觀音院(亦曰東院)從
諗禪師)'의 내용은 다음과 같다 : 승려가 물었다. "학인은 어리석습니다. 스님께
서 가리켜 주십시오." 조주가 말했다. "죽은 먹었느냐?" "먹었습니다." "발우를
씻어라." 그 승려는 문득 깨달았다. (僧問："學人迷昧, 乞師指示." 師云："喫粥也
未?"僧云："喫粥也." 師云："洗鉢去." 其僧忽然省悟.)

74

[무문의 말]

조주는 입을 열어 말을 함에, 쓸개를 내보이고 심장과 간까지 드러냈다.[150] (어느 누가 쓸개, 간, 심장을 숨길 수 있으랴?)

이 승려가 조주의 말씀을 듣고서 행함[151]이 참되지 못하면, 종(鐘)을 일러 항아리(甕)라고 할 것이다.[152] (몸이 아픈데도 병이 나았다고 할 사람이 있을까?)

無門曰: "趙州, 開口見膽, 露出心肝. 者僧聽事不眞, 喚鐘作甕."

[무문의 송]

단지 너무나 분명하기에

도리어 깨달음을 더디게 하니,

일찍이 등불이 불임을 알았다면

밥이 다 된 지 한참 지났을 것을.[153]

---

150) 남김없이 모두 드러내었다.

151) 청사(聽事) : ①명령을 듣고 그 일을 시행함. ②일을 처리함.

152) 방편의 말을 진실이라고 오해할 것이다. 손가락을 달이라고 여길 것이다.

153) 조지등시화(早知燈是火) : 옛날 중국의 고사. 한 농부의 아내가 저녁이 되어서 밥을 지으려고 부엌에 들어가 보니 불씨가 꺼져 있었다. 그녀는 등불을 밝혀 들고 멀리 떨어진 이웃집까지 가서 불씨를 빌려 왔다. 그 광경을 지켜본 어린 딸아이가 의아한 표정을 지으면서 "어머니, 등불을 가지고 불을 붙이면 되는데, 뭐 하러 그 멀리까지 갔다 오세요?"라고 말했다. 농부의 아내는 속으로 탄식했다. "아뿔싸! 등불도 불임을 더 일찍 알았더라면."

頌曰: "只爲分明極, 翻令所得遲, 早知燈是火, 飯熟已多時."

[군소리]
너무나 분명하지만 보이지 않고 들리지 않고 잡히지 않고 이해되지도 않으니, 이런 어리석음이 있는 것이다.

[총평]
밥을 먹고 발우를 씻으니
부처가 남김없이 드러났지만,
밥과 발우에서 부처를 찾으면
일평생 찾아도 찾지 못하리.

제8칙 해중의 수레 만들기 奚仲造車

[고칙]

월암(月庵) 화상이 어느 승려에게 물었다.

"해중(奚仲)[154]이 백 개의 바퀴살을 가진 수레를 만들고서, 양쪽 바퀴도 뽑아 버리고[155] 굴대도 떼 버렸다. 어떤 쪽의 일을 밝힌 것인가?"[156]

月庵和尙問僧：“奚仲造車一百輻, 拈卻兩頭, 去卻軸. 明甚麼邊事?”

[군소리]

양쪽 바퀴도 뽑고 굴대도 떼 냈는데, 수레는 여전히 잘 굴러가는구나.

---

154) 해중(奚仲) : 하(夏) 왕조 때의 제후(諸侯)로서 성은 임(任)씨다. 수레를 만드는 능력이 뛰어나 거정(車正)에 임명되었고, 설(薛; 산동성 등주시 서남쪽 위치) 땅에 봉해져서 설국(薛國)의 시조가 되었다.

155) 염각(拈卻) : 집어 내다.

156) 『속전등록(續傳燈錄)』 제29권 '담주대위월암선과선사(潭州大潙月菴善果禪師)'의 기록은 다음과 같다 : 상당(上堂)하여 말했다. "해중(奚仲)이 백 개의 바퀴살을 가진 수레를 만들고서 양쪽 바퀴를 떼 내 버리고 굴대도 제거하였다." 주장자를 가지고 한 개 원 모양을 그리고 말했다. "저울눈을 잘못 읽지 마라." 주장자로 한 번 내리치고서 자리에서 내려왔다. (上堂："奚仲造車一百輻, 拈卻兩頭, 除卻軸." 以拄杖打一圓相曰："且莫錯認定盤星." 卓一卓下座.)

[무문의 말]

만약[157] 즉시[158] 밝힌다면 안목(眼目)이 유성(流星)처럼 빠르고, 행동이 번갯불 번쩍이는 순간[159]과 같으리라.

無門曰: "若也直下明得, 眼似流星, 機如掣電."

[군소리]

즉시 밝힐 것이 있다면 뱀의 다리를 그리는 것이다. 본래부터 밝은 것이다.

[무문의 송]

마음[160]이 활동하는 곳에서는

통달한 자도 오히려 헤매니,

사유상하(四維上下)[161]에

동서남북(東西南北)이로다.

---

157) 약야(若也) : =약(若). 야(也)는 조사.

158) 직하(直下) : ①바로. 즉시. ②아래. 아래로.

159) 철전(掣電) : 번갯불이 번쩍하는 순간. 찰나. 전광석화.

160) 기륜(機輪) : 기(機)는 베틀 또는 기계를, 륜(輪)은 회전(回轉)을 뜻하는 말로, 기륜은 본래부터 갖추고 있는 신령한 기틀이나 근기 또는 작용을 의미한다. 마음 혹은 마음의 작용을 가리킨다.

161) 사유상하(四維上下) : 사유(四維)는 사방의 구석, 즉 건(乾: 서북) · 곤(坤: 서남) · 간(艮: 동북) · 손(巽: 동남)을 가리키니, 사유상하는 사방과 아래위의 온 우주를 가리킨다.

頌曰:"機輪轉處, 達者猶迷, 四維上下, 南北東西."

[군소리]
통달한 자에게는 마음이 없는데, 활동이라니 무슨 잠꼬대냐?

[총평]
해중은 어떤 일을 밝혔는가?
찾으려 하면 벌써 망상이다.
눈을 뜨고서 눈을 찾으니
누구를 탓할 수 있으리오?

제9칙 대통지승불大通智勝

[고칙]

흥양(興陽)의 양화상(讓和尙)에게 어떤 승려가 물었다.

"대통지승불(大通智勝佛)은 10겁(劫) 동안 도량(道場)[162]에 앉아 있었어도 불법이 앞에 드러나지 않아서 불도(佛道)를 이룰 수 없었다[163]고 했는데, 이러한 때에는 어떻습니까?"

---

162) 도량(道場) : '도장'이라고도 한다. ①또는 보리도장(菩提道場). 모든 불보살이 성도(聖道)를 얻는 곳 또는 얻으려고 수행하는 곳. 중인도 마갈타국 니련선하가의 보리수(菩提樹) 아래는 석존의 도량. ②불교를 말하거나 불도를 수행하는 장소. 밀교에서는 기도수법(祈禱修法)을 짓는 장소. 중국에서는 613년(수(隋)의 대업(大業) 9) 양제(煬帝)의 조칙에 따라 사원(寺院)을 도량이라 불렀다.

163) 대통지승불(大通智勝佛) : 『법화경』「화성유품(化城喩品)」에 나온다. 대통지승불(大通智勝佛)은 과거 한량없고 끝없는 불가사의 아승기겁의 부처님이다. 처음 도량에 있으면서 마군을 물리치고 최상의 깨달음을 얻으려 했지만 쉽지 않았다. 이에 대통지승불은 10소겁 동안 가부좌를 틀고 앉아 몸과 마음을 움직이지 않았으나 불법을 이루지 못했다. 그때 도리천에서 대통지승불을 위해 사자좌를 보리수 아래에 폈다. 그 자리에서 10소겁 동안 다시 부동자세로 앉아 선정에 든 뒤 최상의 깨달음을 이루게 되었다. 그리고 『법화경』을 듣고 믿고 행하는 한편 각기 법석을 열고 이 경을 널리 설했다. 모두 6백만억 나유타 중생을 교화하여 아뇩다라삼먁삼보리를 얻게 하였고, 현재 시방의 국토에 출현하여 있다고 『법화경』 제7 「화성유품」에서는 설하고 있다. 석가모니불은 과거 대통지승불의 16왕자 중 막내였으며 그때부터 항상 석가모니불이라는 부처님으로 출현하여 『법화경』을 설하게 되었다고 한다. 따라서 대통지승불은 모든 여래의 어버이가 되는 부처님이다. 이 이야기의 핵심은 그가 자신의 깨달음을 완성하고 열반에 들기 전에 중생들의 근기가 익을 때까지 설법하며 기다렸다고 하는 것이다. 그러

양화상이 말했다.

"그 질문이 아주 알맞구나."[164]

승려가 말했다.

"이미 도량에 앉아 있었는데, 어찌하여 불도를 이룰 수 없었습니까?"

양화상이 말했다.

"그대[165]가 부처가 되지[166] 못했기 때문이지."[167]

나, 선종(禪宗)에서는 이 이야기를 본래 두루 완성되어 있는 불성을 가진 중생이 다시 불성을 얻어 부처가 되는 일은 없다고 하는 독창적인 해석을 가하고 있다.

164) 체당(諦當) : ①합당함을 살피다. 적합함을 살피다. ②합당함. 적당함. 정확함.

165) 이(伊) : ①(송대(宋代)) 그대(이인칭 대명사). =이(你). ②(송대(宋代)) 나(일인칭 대명사). ③(당대(唐代)) 그(삼인칭 대명사).

166) 성불(成佛) : 작불(作佛)·성도(成道)·득도(得道)라고도 함. 깨달음을 이룸. 깨닫다. 부처가 되다.

167) 『경덕전등록』 제13권 '영주흥양산청양선사(郢州興陽山淸讓禪師)'에 나오는 대화. 『조당집』 제17권 '잠화상(岑和尙)'에는 다음과 같이 내용이 조금 다르게 나와 있다 : 스님이 말했다. "부처는 결과이고, 보살이 원인이다. 석가여래는 결과 쪽에서 한 말이고, 대통지승불은 원인 속의 일이다. 대통지승불이 비록 십 겁 동안 보리수 밑의 금강좌 위에 가부좌를 틀고 앉아 있었으나 여전히 보살일 뿐 아직 부처가 되지는 못했기 때문이니, 그 당시 중생의 수명이 길었기 때문이고, 근기가 아직 성숙하지 않았기 때문이다. 십 겁이 지나서야 중생의 근기가 비로소 성숙하였다. 무릇 보살이라면 모름지기 중생의 근기가 성숙하기를 기다려야 하니, 마치 닭이 달걀을 살펴서 쪼는 것과 같다. 안에서 쪼고 밖에서 쪼는 것이 동시이면, 중생의 근기가 성숙하여 곧 부처가 된다. 그러므로 말하기를 '십 겁을 지나야 위없는 깨달음을 얻는다.'라고 한다. 그 까닭에 경(經)에서 말했다. '부처님께서는 아직 때가 되지 않았음을 아시고, 청을 받아들여 묵묵히 앉

興陽讓和尙, 因僧問: "大通智勝佛, 十劫坐道場, 佛法不現前, 不得成佛
道, 時如何?" 讓曰: "其問甚諦當." 僧云: "旣是坐道場, 爲甚麼不得成佛
道?" 讓曰: "爲伊不成佛."

[군소리]

어디에 도량이 있느냐?

[무문의 말]

다만 늙은 오랑캐[168]가 깨닫는 것만 용납하고, 늙은 오랑캐가
이해하는 것은 용납하지 않는다.

범부(凡夫)가 만약 깨달으면 곧 성인(聖人)이요, 성인이 만약 이
해하면 곧 범부다.

無門曰: "只許老胡知, 不許老胡會. 凡夫若知, 卽是聖人, 聖人若會, 卽
是凡夫."

[군소리]

<hr />

아 계셨다.'"(師云: "佛是果, 菩薩是因. 釋迦如來, 於果地談, 大通智勝佛, 因中
事. 大通智勝佛, 雖十劫在菩提樹下金剛座上結跏趺坐, 猶是菩薩, 未成佛故, 爲
彼時衆生壽命長故, 根未熟故. 過十劫已衆生根始熟. 大凡菩薩須待衆生根熟, 如
鷄抱卵, 啐啄同時. 衆生根熟, 便成佛菩提. 故言: '過十劫已證得無上菩提.' 所以
經曰: '佛知時未至, 受請嘿然坐.'")

168) 노호(老胡) : 늙은 오랑캐. 인도에서 온 보리달마(菩提達摩)를 가리킴.

82

이해하면 이해함도 있고 이해하는 사람도 있지만, 깨달으면 깨달음도 없고 깨닫는 사람도 없다.

[무문의 송]

몸을 잘 아는 것이 어찌 마음을 밝혀 쉬는 것만 하겠는가?

마음을 밝히고 나면 몸에 근심이 없나니.

만약 몸과 마음을 모두 밝게 깨닫는다면,

신선이 구태여 다시 왕이 될[169] 필요가 있으랴?[170]

頌曰: "了身何似了心休? 了得心兮身不愁. 若也身心俱了了, 神仙何必更封侯?"

[군소리]

성인(聖人)이 이해하는구나.

[총평]

그대가 이미 부처라고 말하지 말지니

그 한마디가 그대의 성불을 막을 것이다.

주머니 속 보물이 아무리 값비싸더라도

꺼내지 않으면 풀빵 하나도 먹지 못하리.

---

169) 봉후(封侯) : ①제후(諸侯)에 봉함. ②혁혁한 공명(功名)을 이르는 말.

170) 하필(何必) : 구태여 -할 필요가 있는가? -할 필요가 없다.

제10칙 청세의 외로움과 가난함 淸稅孤貧

[고칙]

조산(曹山)[171] 스님[172]에게 청세(淸稅)라는 승려가 물었다.

"저는 외롭고 가난합니다. 스님께서 구제해 주십시오."

조산 스님이 말했다.

"청세 스님!"[173]

---

171) 조산본적(曹山本寂) : 840-901. 당대(唐) 선승. 청원행사(靑原行思) 문하의 5세
손(世孫). 조산은 주석한 산 이름. 이름을 탐장(耽章)이라고도 함. 속성은 황(黃)
씨. 복건성 천주(泉州) 포전현(蒲田縣) 출신. 19세에 출가하여 25세에 구족계를
받음. 동산양개(洞山良价)에게 참학하여 그의 종지를 이어받고, 길수(吉水)로 돌
아가 개당한 다음, 조계(曹溪) 6조 혜능(慧能)을 흠모하여 산명을 조산(曹山)으로
바꿈. 처음에는 무주(撫州) 조산에 머물다가 뒤에 하옥산(荷玉山)으로 옮김. 조
동종(曹洞宗)이라는 종명은 동산양개의 동(洞)과 조산본적의 조(曹)에서 한 자씩
따와서 명명했다고 함. 동산의 5위현결(五位顯訣) 종지를 전승해서, 이것을 대
성함. 저술로는『무주조산본적선사어록(撫州曹山本寂禪師語錄)』2권이 있음. 세
수62, 법랍 37세로 입적. 시호는 원증(元證) 대사. 탑호는 복원(福圓).

172) 화상(和尙) : (산)upādhyāya. (팔)upajjhāya. 오사(烏社) · 화사(和社 · 和闍) · 화
상(和上)이라고도 함. 범어로 오파타야(鄔波駄耶)라 음역. 친교사(親敎師) · 역
생(力生) · 의학(依學) · 근송(近誦)이라 번역. 본래는 아사리(阿闍梨)와 함께 수
계사(授戒師)인 스님을 말하는 것이나, 후세에는 남의 스승이 될 만한 덕 높은
스님을 가리키게 됨.

173) 사리(闍梨) : 아사리(阿闍梨)의 준말. ācārya. 아기리(阿祇利). 아차리야(阿遮利
夜 · 阿遮梨耶)라고도 쓰며, 교수(敎授) · 궤범(軌範) · 정행(正行)이라 번역. 제
자의 행위를 교정하며 그의 사범이 되어 지도하는 스님. 아사리의 호는『오분율
(五分律)』16에, 출가(出家) 아사리 · 갈마 아사리 · 교수 아사리 · 수경 아사리 ·

"예!"

"청원(靑原)의 백가주(白家酒)[174]를 석 잔[175]이나 마시고도,[176] 오히려 아직 입술도 적시지 못했다고 하는구나."[177]

의지 아사리 등의 5종을 말하였음.

174) 청원백가주(靑原白家酒) : 청원(靑原)은 청원행사(靑原行思)를 가리킴. 백가주(白家酒)란 중국 전통술인 백주(白酒; 빼갈)를 가리키는 게 아닌가 한다. 청원백가주란 청원행사 집안의 술이란 뜻이니, 곧 청원행사 문하의 선(禪)을 가리키고, 또한 그것을 계승한 조산본적(曹山本寂) 자신의 선을 가리킨다. 『경덕전등록』 제17권 '무주조산본적선사(撫州曹山本寂禪師)'에서는 '천주백가주(泉州白家酒)'라 하고 있는데, 천주(泉州)는 조산본적이 태어난 고향이다. 또 『연등회요』 제22권 '무주조산본적선사(撫州曹山本寂禪師)'에서는 '청원백가삼잔주(淸原白家三盞酒)'라고 표현하고 있다. 또 중국어에서 백가(白家)란 재산이 없는 가난한 집을 뜻하는데, '청원백가삼잔주(淸源白家三盞酒)'라고 표현하는 경우에는 '청원 가난한 집안의 술 석 잔'이라고 해석할 수도 있겠다.

175) 삼잔(三盞) : 삼배(三杯). 술 석 잔은 알맞게 취할 만한 술의 양을 가리킨다. 당(唐) 고지(賈至)가 지은 〔대주곡(對酒曲)〕에 "한 잔에 천 가지 시름이 흩어지고, 석 잔에 만 가지 일이 사라진다."(一酌千愁散, 三杯萬事空.)는 구절이 있고, "석 잔 술에 만 가지 일이 어우러지고, 한 번 취함에 온갖 근심이 없어진다."(三杯和萬事, 一醉解千愁.)는 속담도 있다. 한자 삼(三)에는 숫자로서 3이라는 뜻뿐만 아니라, '많은 수효'나 '여러 차례'라는 뜻도 있다.

176) 취할 만큼 마시고도.

177) 『경덕전등록』 제17권 '무주조산본적선사(撫州曹山本寂禪師)'와 『연등회요』 제22권 '무주조산본적선사(撫州曹山本寂禪師)'에 나오는 대화. 『전등록』의 기록은 다음과 같이 조금 다르다 : 승려 청예(淸銳)가 물었다. "저는 가난합니다. 스님께서 구제해 주시기 바랍니다." 조산이 말했다. "청예 스님은 가까이 오너라." 청예가 가까이 다가오자, 조산이 말했다. "천주(泉州) 가난한 집의 술을 석 잔이나 마시고도 아직 입술도 적시지 않았다고 말하는구나."(僧淸銳問: "某甲孤貧, 乞師拯濟." 師曰: "銳闍梨近前來." 銳近前, 師曰; "泉州白家酒三盞, 猶道未沾脣.")

曹山和尚, 因僧問云:"淸稅孤貧, 乞師賑濟."山云:"稅闍梨."稅應諾, 山曰:"靑原白家酒, 三盞喫了, 猶道未沾脣."

[군소리]
외롭고 가난하다고? 화수분 같은 재산을 잘도 쓰고 있구만.

[무문의 말]
청세가 기회를 잃은[178] 것은 어떤 마음[179]이었기 때문일까? (술에 취했기 때문이지.)

조산은 안목이 있어서 나타난 기회를 잘 판단하였다. 비록 그렇긴 하지만 말해 보라.[180] 어느 곳[181]이 청세 스님이 술을 마신 곳인가? (술주정이 저리 심한 데도 모르는가?)

無門曰:"淸稅輪機, 是何心行? 曹山具眼, 深辨來機. 然雖如是, 且道. 那裏是稅闍梨喫酒處?"

[무문의 송]
가난하기는 범단(范丹)[182]과 같지만

---

178) 수기(輸機) : 기회를 잃다.

179) 심행(心行) : ①심사(心思). 생각. ②심의(心意)의 작용.

180) 차도(且道) : 생각건대. 짐작컨대. 묻건대. 보건대.

181) 나리(那裡) : ①어느 곳. ②그곳. 저곳.

182) 범단(范丹) : 범염(范冉). 후한(後漢) 진유(陳留) 외황(外黃) 사람. 자는 사운(史

86

기개는 항우(項羽)[183]와 같아서,

살림살이[184]가 비록 없지만

대담하게[185] 부(富)를 다투는구나![186]

頌曰: "貧似范丹, 氣如項羽. 活計雖無, 敢與鬪富."

[군소리]

돈도 돈주머니도 없으나, 필요한 만큼 항상 꺼내어 쓴다.

[총평]

참으로 빠져나와 일 없음만 용납할 뿐,

雲), 시호는 정절선생(貞節先生). 마융(馬融)을 사사(師事)하여 경서(經書)에 통
달하였다. 환제(桓帝) 때에 내무(萊蕪)의 장관을 지냈다. 당고지화(黨錮之禍)가
일어나자, 은둔하여 저자에서 점을 치면서 가난하게 살면서도 지조를 잃지 않
아, 고을 사람들이 그를 가난하여도 지조를 잃지 않는다고 찬양하였다.

183) 항우(項羽): BC 232-BC 202. 이름은 적(籍)이고, 우(羽)는 자다. 중국 진(秦)
나라 말기에 유방(劉邦)과 진나라를 멸망시키고 중국을 차지하기 위해 다툰 무
장(武將). 진나라가 혼란에 빠지자 봉기하여 진군을 도처에서 무찌르고 관중(關
中)으로 들어갔다. 진을 멸망시킨 뒤 서초(西楚)의 패왕(覇王)이라 칭했으나, 해
하(垓下)에서 한왕(漢王) 유방에게 패배하자 자살했다.

184) 활계(活計): 살림. 생계. 살림살이.

185) 감(敢): ①용기가 있다. ②감히. 대담하게. ③(조동)감히 -하다. ④감히. 외람
되게도. ⑤혹은. 어쩌면.

186) 법을 가지고 있지는 않지만, 법을 물으면 확실히 밝힐 수 있다. 조산의 안목을
노래한 시다.

입으로 말장난하는 건 용납하지 않는다.
참으로 쉬어져 참으로 일이 없다면,
또 누가 있어서 그대를 속이겠는가?

제11칙 조주가 암주를 간파하다 州勘庵主

[고칙]

조주가 한 암주(庵主)의 처소에 이르러 물었다.

"계십니까? 계십니까?"

암주는 주먹을 세웠다.

조주는 "물이 얕아 배를 댈 만한 곳이 아니군!" 하고, 곧장 가 버렸다.

다시 한 암주의 처소에 이르러 "계십니까? 계십니까?"라고 하자, 그 암주 역시 주먹을 세웠다.

조주는 "놓을 줄도 알고 빼앗을 줄도 알며, 죽일 줄도 알고 살릴 줄도 아는구나!"라고 말하고는 곧 절을 했다.[187]

趙州到一庵主處問: "有麼? 有麼?" 主豎起拳頭. 州云: "水淺不是泊舡處." 便行. 又到一庵主處云: "有麼? 有麼?" 主亦豎起拳頭. 州云: "能縱能奪, 能殺能活." 便作禮.

[군소리]

같은 물건을 두고 어제와 오늘 부르는 가격이 하늘과 땅만큼 다르니 장사꾼이 아니라 사기꾼이로군.

---

187) 『연등회요』 제6권 '조주관음종심선사(趙州觀音從諗禪師)'에 이 대화가 나온다.

[무문의 말]

주먹을 세운 것은 한가지인데,[188] 어찌하여 한쪽은 긍정하고 한쪽은 긍정하지 않았을까? (한 생각 일으켰기 때문이지.)

말해 보라. 잘못[189]이 어디에 있는가? (잘못을 묻는 곳에 잘못이 있다.)

만약 여기에서 한마디 알맞은 말[190]을 할[191] 수 있다면, 곧 조주의 혀에는 뼈가 없어서[192] 부축하여 일으키거나 넘어뜨림[193]에 매우 자재함을 알게 될 것이다. (무슨 소리? 조주 스스로 일어났다 자빠졌다 하는구면…)

비록 그와 같지만, 조주가 도리어 두 암주에게 간파(看破)[194]당

---

188) 일반(一般) : ①같다. 비슷하다. ②한가지. 한 부류. 어떤 부류. ③보통이다.

189) 효와(誵訛) : ①글이 까다로워 이해하기 어려움. 글이 난삽하여 오해하기 쉬움. 일부러 어렵게 보이도록 비틀어 말함. ②난삽하게 뒤섞임. 뒤흔들어 어지럽힘. 뒤섞여 잘못됨. =오아(聱牙), 효와(淆訛), 효와(殽訛), 요와(譊訛), 오와(聱訛). ③고칙공안(古則公案)의 성격을 말함. 고칙공안은 수수께끼 같은 문제를 내어 듣는 이가 자신의 본성(本性)을 놓치고 말에 끌려가 헤매도록 유도하기 때문에 이렇게 말함.

190) 일전어(一轉語) : 그때그때의 상황에 알맞은 말을 자유자재하게 사용하여 선지(禪旨)를 가리키는 것. 심기(心機)를 바꾸어서(一轉) 깨닫게 하는 힘이 있는 말이라는 뜻.

191) 하어(下語) : ①언급하다. ②말끝. 말꼬리.

192) 설두무골(舌頭無骨) : 혀에는 뼈가 없다. 말하고 싶은 대로 자유자재하게 말하다. =설두몰골두(舌頭沒骨頭).

193) 방도(放倒) : 쓰러지다. 넘어뜨리다.

194) 감파(勘破) : 그 내막을 뚜렷하게 알아차림. 분명하게 파악함. 점검(點檢), 간파(看破). 파(破)는 요(了), 득(得), 재(在)와 마찬가지로 동사의 뒤에서 동작의 완성이나 발생 장소를 나타내는 어조사.

90

했으니 어찌하리오?[195] (조주가 과욕을 부렸지.)

만약 두 암주에게 낫고 못함이 있다고 한다면 아직 도를 보는 안목[196]을 갖추지 못한 것이고, 만약 낫고 못함이 없다고 해도 역시 아직 도를 보는 안목을 갖추지 못한 것이다. (주장자라고 해도 30대 맞을 것이고, 주장자가 아니라 해도 30대 맞을 것이다.)

無門曰: "一般豎起拳頭, 爲甚麼, 肯一箇不肯一箇? 且道. 誵訛在甚處? 若向者裏下得一轉語, 便見趙州舌頭無骨, 扶起放倒, 得大自在. 雖然如是, 爭奈趙州卻被二庵主勘破? 若道二庵主有優劣, 未具參學眼, 若道無優劣, 亦未具參學眼."

[무문의 송]

눈은 흐르는 별똥별과 같고
행동은 내리치는 번개와 같은데,
사람을 죽이는 칼이기도 하고
사람을 살리는 칼이기도 하지.

頌曰: "眼流星, 機掣電, 殺人刀, 活人劍."

---

195) 쟁내(爭奈): ―를 어찌하리오? ―는 어떻게 하랴? =무내(無奈), 쟁내(爭耐), 쟁내(爭乃).

196) 참학안(參學眼): 참선학도(參禪學道), 즉 선에 참여하고 도를 배워서 얻은 안목(眼目). 도를 보는 안목.

[군소리]
죽이는 게 살리는 것이고, 살리는 게 죽이는 것이다.

[총평]
자기도 모르게 죽여야 참으로 죽이는 것이고
자기도 모르게 살려야 참으로 살리는 것이다.
일부러 죽이려 하면 자기가 먼저 죽을 것이고
일부러 살리려 하면 자기가 이미 죽은 놈이다.

제12칙 서암이 주인공을 부르다 巖喚主人

[고칙]

서암언(瑞巖彦)[197] 화상은 매일 스스로 "주인공(主人公)아!" 하고 부르고, 다시 스스로 "예!"라고 대답하고는, 이어서 "깨어 있어라!",[198] "예!", "훗날 남에게 속지 마라!", "예! 예!" 하고 말하곤 하였다.[199]

瑞巖彦和尙, 每日自喚: "主人公!" 復自應諾, 乃云: "惺惺著!" "喏!" "他時異日, 莫受人瞞!" "喏! 喏!"

[군소리]

이미 스스로를 속이고 있으면서 무슨 헛소리냐?

[무문의 말]

197) 서암사언(瑞巖師彦) : 당말(唐末) 선승. 청원(靑原) 문하 6세손. 속성은 허(許)씨. 복건성(福建省) 민월(閩越) 출신. 암두전활(巖頭全豁; 828~887) 문하에서 수학하여 그 법을 이음. 절강성(浙工省) 태주(台州) 서암원(瑞巖院)에 머묾. 무숙왕(武肅王) 전(錢)씨의 귀의를 받음.

198) 성성착(惺惺著) : 활짝 깨어 있어라. 성성(惺惺)은 '깨어 있다'는 뜻이고, 착(著)은 어구(語句) 말미에 붙어서 바람이나 명령을 나타내는 어조사.

199) 『연등회요』 제23권 '태주서암사언선사(台州瑞巖師彦禪師)'에 이 이야기가 실려 있다.

서암 늙은이는 스스로 팔고 스스로 사면서, 여러 가지 귀신의
얼굴을 만들어 내는구나.[200]

무슨 까닭인가?[201]

하나는 부르는 자이고, 하나는 응답하는 자이고, 하나는 깨어
있는 자이고, 하나는 남들의 속임을 받지 않는 자다.

이전과 같다[202]고 한다면,[203] 도리어 옳지 않다.

만약[204] 그를 본받는다면, 모두가 여우의 견해다.

無門曰: "瑞巖老子, 自買自賣, 弄出許多神頭鬼面. 何故聻? 一箇喚底,
一箇應底, 一箇惺惺底, 一箇不受人瞞底. 認著依前, 還不是. 若也效他, 總
是野狐見解."

[군소리]
서암은 꿈속에서 꿈 깨는 이야기를 하고 있을 뿐이다.

---

200) 농출(弄出) : 저지르다. 만들어 내다. 일으키다. =농출래(弄出來).

201) 니(聻) : 의문어조사 니(呢)의 전신(前身). 당오대(唐五代)에 많이 사용되었다.
일부러 가리켜서 묻는 경우에 주로 사용한다.

202) 의전(依前) : 이전 그대로. 여전히. 여전하다. 이전과 같다.

203) 착(著) : −하고 보니 (−하다). 동사의 뒤에 붙어서 조건을 나타내는 수식성분으
로 사용됨.

204) 약야(若也) : =약(若). 야(也)는 조사.

[무문의 송]

도를 배우는 사람이 진실을 알지 못하는 것은

다만 이전까지의 의식(意識)[205]을 인정하기 때문이니,

헤아릴 수 없는 과거로부터 생사의 뿌리인 것을

어리석은 사람들은 본래인(本來人)[206]이라고 부른다네.

頌曰: "學道之人不識眞, 只爲從前認識神, 無量劫來生死本, 癡人喚作本來人."

[군소리]

본래인이라고 부른다면 이미 본래인이 아니다.

[총평]

남에게 속지 않는 것은 쉬우나

자기에게 속지 않는 것은 어렵다.

어떻게 해야 자기에게 속지 않을까?

몸과 마음 속에 자기가 없어야 하리.

---

205) 식신(識神) : 의식(意識). 정신(精神). 정식(情識). 분별심(分別心)을 가리킨다.

206) 본래인(本來人) : 본래의 자기. 본래면목(本來面目). 본래 타고난 참 자기.

제13칙 덕산이 발우를 들다 德山托鉢

[고칙]

덕산(德山)[207]이 하루는 발우를 들고 방에서 나오다가[208] 설봉(雪峰)[209]을 만났는데, 설봉이 물었다.

---

207) 덕산선감(德山宣鑑) : 780-865. 당대 청원(靑原) 문하. 사천성(四川省) 검남(劍南) 사람으로, 속성은 주씨(周氏)다. 율(律) 및 성상(性相)을 배웠으며, 『금강경(金剛經)』에 정통하여 '주금강(周金剛)'이라 일컬어졌다. 남방의 선(禪)을 논파하러 갔다가 도리어 선으로 돌아섰고, 용담숭신(龍潭崇信)에게 참학하여 그의 법을 이었다. 이윽고 위산(潙山)에 가서 영우(靈祐)를 뵈었다. 또 풍양(灃陽)에서 30년간 주석하였고, 무종(武宗)의 폐불(廢佛) 법난을 만나서는 독부산(獨浮山)의 석실(石室)로 피신하였다. 대중(大中; 847-859) 초에 무릉(武陵) 태수 설정망(薛廷望)의 청으로 무릉의 덕산(德山)에 주석하여 종풍(宗風)을 드날렸다. 당(唐) 함통(咸通) 6년(865) 12월 3일 86세로 입적하였으며, 견성대사(見性大師)라는 시호를 받았다.

208) 하당(下堂) : 방에서 나오다. 집에서 나오다.

209) 설봉의존(雪峰義存) : 822-908. 당대(唐代) 스님. 설봉은 주석한 절 이름이다. 복건성 천주(泉州) 남안(南安) 출신으로 속성은 증(曾)씨다. 12세 때 사미가 되고, 17세 때 의존(義存)이라는 법명을 받는다. 동산양개(洞山良价) 밑에서 반두(飯頭) 일을 맡아보다가 그의 가르침에 따라 덕산선감(德山宣鑑)의 가르침을 받게 된다. 덕산의 제자인 암두전활(巖頭全豁), 흠산문수(欽山文邃)와 함께 행각하다가 호남성(湖南省) 풍주(灃州) 오산(鼇山)에 이르러, 눈 속에 파묻혀 정진하다가 암두에게 깨우침을 받아 크게 깨닫고는 덕산의 법을 잇게 된다. 874년에 그가 주석하던 절을 응천설봉사(應天雪峰寺)라 칭하였다. 882년에 희종(禧宗) 황제로부터 진각(眞覺)대사의 호를 받는다. 그의 문하로는 현사사비(玄沙師備), 장경혜릉(長慶慧稜), 고산신안(鼓山神晏), 운문문언(雲門文偃), 보복종전(保福從展) 등 많은 선승이 있었다. 강남 지역을 중심으로 종풍을 진작하다가 세수

"이[210] 노인네가 종도 아직 울리지 않고 북도 치지 않았는데, 발우를 가지고 어디로 가시는가요?"

이에 덕산은 곧 방장(方丈)으로 되돌아갔다. 설봉이 이 일을 암두(巖頭)[211]에게 말하자,[212] 암두가 말했다.

"그렇게 대단한[213] 덕산도 아직 마지막 한마디 말[214]을 모르는구나!"

덕산이 그 말을 듣고 시자를 시켜 암두를 불러오게 하여 말했다.

"네가 나를 긍정하지 않느냐?"

87세로 입적하였다. 저술로는 『설봉진각대사어록』(雪峰眞覺大師語錄) 2권이 있다.

210) 자(者) : =차(此), 저(這). 이. 이것. 이 사람.

211) 암두전활(巖頭全豁, 嵒頭全豁) : 828~887. 천주(泉州, 福建省) 남안(南安)현 사람으로, 속성은 가(柯)씨다. 영천사(靈泉寺) 의공(義公)의 문하로 출가하였고, 장안의 서명사(西明寺)에서 구족계를 받았다. 처음에는 교종(敎宗)에 투탁하였으나, 후에 설봉의존(雪峯義存)·흠산문수(欽山文邃) 등과 교유하였고, 앙산혜적(仰山慧寂)에게 배운 후에 덕산선감(德山宣鑑)에게 참학하여 그 법을 이었다. 동정호반(洞庭湖畔)의 와룡산(臥龍山, 巖頭)에서 종풍을 드날렸다. 광계(光啓) 3년 4월 8일, 도적에게 칼을 맞았으나 태연자약하게 한 소리를 지르고는 죽었다. 나이 예순이었다. '청엄대사(淸儼大師)'라는 시호가 내렸다.

212) 거사(擧似) : 있었던 일을 그대로 이야기해 주다. 사(似)는 동사의 접미사로서 '-주다(與)'의 뜻을 부가해 주는 어조사. =설사(說似), 거향(擧向), 거념(擧拈).

213) 대소(大小) : =대소대(大小大). ①이렇게 큰. 이렇게 대단한. ②얼마나. 진실로. 매우. (감탄문에서 정도가 심함을 나타냄.)

214) 말후구(末後句) : '말후일구(末後一句)'라고도 한다. 말후(末後)는 '최후, 마지막'이라는 뜻. 마지막에 하는 한마디 말. ①마지막 결론의 한마디. ②죽음에 이르러 남기는 말.

암두가 그 뜻을 남몰래 일깨워 주자,[215] 덕산은 이에 그만두었다.[216] 다음 날 법좌에 오르니 과연 평소[217]와는 같지 않았다. 암두는 승당(僧堂)[218] 앞에 이르러 손뼉을 치고 크게 웃으며 말했다.

"다행히도[219] 노인네가 마지막 한마디 말을 알았구나. 이후에 천하의 사람들이 그를 어찌하지[220] 못하리라!"[221]

德山一日, 托鉢下堂, 見雪峰問: "者老漢, 鐘未鳴鼓未響, 托鉢向甚處去?" 山便回方丈. 峰擧似巖頭, 頭云: "大小德山, 未會末後句." 山聞, 令

---

215) 밀계(密啓) : 가만히 알려 주다. 남몰래 일깨워 주다. 조용히 가르쳐 주다.

216) 휴거(休去) : 쉬다. 그만두다. 거(去)는 구절의 끝에 붙어서 진술한 사건이나 사태의 실현이나 완료를 나타내는 어기조사(語氣助詞).

217) 심상(尋常) : 평상(平常). 일상(日常).

218) 승당(僧堂) : 선승들이 기거하며 좌선하는 선방(禪房). 선당(禪堂)·운당(雲堂)·좌선당(坐禪堂)·좌당(坐堂)·선불당(選佛堂)·성승당(聖僧堂)·고목당(枯木堂) 등이라고도 하며, 칠당가람(七堂伽藍)의 하나. 선종에서 가장 중시하는 장소로, 좌석의 위계와 행동거지가 엄격하다. 온돌이 아닌 의자와 침상 생활을 하는 중국에서는 선방의 형태가 우리나라와는 다르다. 일반적인 형태를 보면, 앞뒷문을 제외한 집 안의 벽을 따라 설치된 ㄷ자 형태의 마루인 선상(禪床)에 좌구(坐具)를 깔고 앉아 좌선을 하고, 뒤에 있는 커튼 안쪽에 누워서 잠잘 수 있도록 되어 있다. 마루 앞의 집 안 중앙은 마루가 없는 벽돌 바닥이고, 그 한가운데에는 보통 성상(聖像)을 모셔 두었다.

219) 차희(且喜) : ①무엇보다 기쁜 일. 매우 다행스럽게도. ②(부정문) 전혀 - (아니다).

220) 내하(奈何) : =내하(柰何). 어찌(하다). 어떻게(하다).

221) 『경덕전등록』 제16권 '악주암두전활선사(鄂州巖頭全豁禪師)'에 이 내용이 실려 있다.

98

侍者喚巖頭來, 問曰: "汝不肯老僧那?" 巖頭密啓其意. 山乃休去. 明日陞
座, 果與尋常不同. 巖頭至僧堂前, 拊掌大笑云: "且喜, 得老漢會末後句.
他後天下人, 不奈伊何."

[군소리]
암두는 한마디 말로써 모든 사람을 다 속였다.

[무문의 말]
만약 마지막 한마디 말이라면 암두도 덕산도 모두 꿈에도 보지
못했다.[222] 자세히 살펴보면[223] 한 무대 위의 꼭두각시[224]들과 꼭
같다.

無門曰: "若是末後句, 巖頭德山, 俱未夢見在. 撿點將來, 好似一棚傀
儡."

[군소리]
꿈을 깬 사람은 꿈속에서 본 일을 말하지 않는다.

---

222) 몽견(夢見): 꿈에 보다. 꿈꾸다. 재(在)는 어조사로서 문장의 끝에 쓰여 의미 없
　　이 말을 자세히 하는 어기(語氣)를 나타냄.
223) 검점(撿点): =검점(檢點). 점검(點檢)하다. 자세히 살펴보다. -장래(將來)에서
　　장(將)은 지속 혹은 개시를 나타내는 조동사, 래(來)는 방향보어로서 동작의 방
　　향을 나타낸다.
224) 괴뢰(傀儡): 꼭두각시. 인형극의 인형. 허수아비.

[무문의 송]

최초의 한마디를 알면

곧 마지막 한마디도 알지만,

마지막과 최초는

이 한마디가 아니다.

頌曰:"識得最初句, 便會末後句, 末後與最初, 不是者一句."

[군소리]

무문도 암두에게 속았구나.

[총평]

마지막 한마디 비밀스러운 말을

모든 사람이 찾으려 고생하지만,

눈앞에 두고도 다시 찾으려 하니

스스로 숨기고 스스로 찾는구나.

[참고]

　암두(巖頭)가 말하는 말후구(末後句)에 관한 기록이 『조당집』과
『전등록』에서 다르게 나타난다.

　① 『조당집』 제7권 '암두화상(巖頭和尙)'의 말후구에 관한 이야기는 다음

과 같다.

　설봉(雪峯)은 복주(福州)로 가서 암자를 세우고 법난의 사태를 넘겼다. 뒤에 문득 두 명의 납승(衲僧)이 설봉에게 인사하러 찾아왔다. 설봉은 그들이 오는 것을 보자마자 손으로 암자의 나무문을 밀고 밖으로 몸을 내밀면서 말했다.

　"무엇입니까?"

　그 승려들이 대답했다.

　"무엇입니까?"

　설봉은 곧 고개를 숙이고서 암자 안으로 들어갔다. 그 승려들이 며칠 뒤에 작별 인사를 하자 설봉이 말했다.

　"어디로 갑니까?"

　"호남(湖南)으로 갑니다."

　설봉이 말했다.

　"나의 도반이 그곳에 있는데, 편지를 부탁해도 될까요?"

　"그렇게 하시죠."

　설봉이 이윽고 편지를 썼는데, 그 내용이 이러하였다.

　'아산(鵝山)[225]에서 도를 이룬 이래[226] 오늘에 이르렀습니다. 사

---

225) 『건중정국속등록』, 『연등회요』, 『오등회원』 등에서는 설봉이 암두의 도움으로 깨달음을 얻은 곳을 오산(鼇山)이라고 하고 있는데, 여기 『조당집』에서는 아산(鵝山)이라고 하고 있다.

226) 일자(一自) : ―에서. ―부터. ―이래로.

형(師兄)! 아산에서 도를 이룬 뒤에 지금에 이르렀습니다. 나를 찾아온 사람에게 편지를 부탁하여 사형에게 드립니다.'

그 승려들이 암두(巖頭)에 이르자 암두가 물었다.

"어디에서 옵니까?"

"남방(南方)에서 옵니다."

"설봉(雪峯)에는 갔었습니까?"

"갔었습니다. 떠나올 때 스님께 드릴 편지를 받아 왔습니다."

편지를 꺼내어 암두에게 건네주자, 암두는 편지를 받고서 곧 물었다.

"그분은 요즈음 어떤 가르침의 말씀을 하십니까?"

승려가 말했다.

"저희가 처음 그곳에 이르렀을 때의 이야기가 하나 있습니다."

그러고는 처음 설봉을 만났을 때의 이야기를 해 주자, 암두가 말했다.

"그분은 무엇이라고 말하던가요?"

"그분은 아무 말씀도 하지 않고 곧장 머리를 숙이고 암자로 들어갔습니다."

암두가 박수를 치면서 말했다.

"아뿔싸! 내가 애초 그에게 마지막 한마디를 말해 주지 않은 것이 후회되는구나. 내가 만약 그에게 마지막 한마디를 말해 주었더라면, 아무도 설봉을 어떻게 하지 못할 텐데."

그 승려들은 하안거(夏安居)를 마칠 때가 되자 다시 앞의 이야기를 꺼내어 암두에게 물었다.

"스님께서는 '내가 그에게 마지막 한마디를 말해 주지 않은 것이 후회된다.'고 하셨는데, 어떤 것이 마지막 한마디입니까?"

암두가 말했다.

"당신들은 왜 일찍이 묻지 않았습니까?"

승려들이 말했다.

"저희는 경솔하게[227] 물을 수가 없었습니다."

암두가 말했다.

"나와 설봉이 비록[228] 함께 덕산(德山)을 뿌리로 하여 나왔지만, 나는 설봉과 같은 가지로 끝나지는 않을 것입니다. 그대들이 마지막 한마디를 알고자 한다면, 다만 이것[229]뿐입니다."[230]

(雪峯往福州卓庵過沙汰. 後忽有兩个納僧來礼拜和尚. 和尚纔見上來, 以手托木庵門, 放身出外云: "是什摩?" 其僧對云: "是什摩?" 峯便低頭入庵裏. 其僧三五日後便辭, 峯云: "什摩處去?" 對云: "湖南去." 峯云: "我有同行在彼, 付汝信子得摩?" 僧云: "得." 雪峯遂作信, 信云: "一自鵝山成道後迄至于今. 師兄! 一自鵝山成道後迄至如今. 同參某信付上師兄." 其僧到巖頭, 師問: "什摩處來?" 云: "南方來." 師云: "到雪峯摩?"

---

227) 용이(容易) : 경솔하다. 신중하지 않다. 등한하다. 힘들이지 않다. 대강대강.

228) 수즉(雖則) : 비록 —이지만. =수연(雖然).

229) 지저개(只這个) : 단지 이렇다. 다만 이럴 뿐. 다만 이와 같다. 다만 이것.

230) 변시(便是) : 구절의 끝에 놓여 긍정의 어기(語氣)를 표시함.

103

對云: "到. 來時有信上和尙." 便抽書過与師, 師接得便問: "他近日有什摩言敎?" 僧云: "某甲初到時有一則因緣." 具擧前話, 師云: "他道什摩?" 對云: "他無語便低頭入庵." 師便拍掌云: "噫! 我當初悔不向伊道末後一句. 我若向他道末後一句, 天下人不奈何雪峯." 其僧到夏末, 具陳前因緣, 問師云: "師道: '我悔不向伊道末後一句.' 如何是末後一句?" 師云: "汝何不早問?" 僧云: "某甲不敢容易." 師云: "雖則德山同根生, 不与雪峯同枝死. 汝欲識末後一句, 只這个便是.")

② 『경덕전등록』 제16권 '악주암두전활선사(鄂州巖頭全豁禪師)'에 실려 있는 말후구에 관한 이야기는 여기에서 무문혜개(無門慧開)가 인용한 것과 같은 내용이다. 다만 앞부분과 뒷부분이 약간 다르다.

설봉은 덕산이 있는 절에서 반두(飯頭)를 맡았는데, 하루는 식사가 늦어지자 덕산이 발우를 들고서 법당(法堂) 위에 이르렀다. 설봉이 반건(飯巾)을 말리다가 덕산을 보고서 곧 말했다.

"이 노인네가 종도 아직 울리지 않았고 북도 아직 치지 않았는데, 발우를 들고서 어디로 가시나?"

덕산은 곧 방장(方丈)으로 돌아갔다. 설봉이 이 일을 암두(巖頭)에게 말하자, 암두가 말했다.

"그렇게 대단한 덕산도 마지막 한마디 말을 모르는구나!"

덕산이 그 말을 듣고 시자를 시켜 암두를 방장으로 불러오게 하여 말했다.

"네가 나를 긍정하지 않느냐?"

암두가 그 뜻을 남몰래 일깨워 주었다. 덕산이 다음 날 법좌에 올랐는데 평소와는 같지 않았다. 암두는 승당(僧堂) 앞에 이르러 손뼉을 치고 크게 웃으며 말했다.

"다행히 노인네가 마지막 한마디 말을 알았구나. 이후에 천하의 사람들이 그를 어찌하지 못하리라! 그렇긴 하나, 삼 년밖에 못살 것이다."(덕산은 과연 삼 년 뒤에 죽었다.)

(雪峰在德山作飯頭, 一日飯遲, 德山掌鉢至法堂上. 峰曬飯巾次見德山便云: "這老漢鍾未鳴鼓未響托鉢向什麼處去?" 德山便歸方丈. 峰擧似師, 師云: "大小德山, 不會末後句." 山聞, 令侍者喚師至方丈問: "爾不肯老僧那?" 師密啓其意. 德山至來日上堂, 與尋常不同. 師到僧堂前, 撫掌大笑云: "且喜, 得老漢會末後句. 他後天下人不奈何. 雖然如此, 也祇得三年."(德山果三年後示滅))

③ 『건중정국속등록』과 『연등회요』의 내용은 『전등록』과 거의 같고, 『가태보등록』에는 『조당집』과 『전등록』의 이야기가 모두 인용되어 있다.

제14칙 남전, 고양이를 베다 南泉斬貓

[고칙]

남전(南泉)[231] 스님은 동당(東堂)과 서당(西堂)의 스님들이 고양이를 가지고 다투자, 고양이를 들어 올려 말했다.

"대중이여, 말하면[232] 살려 줄 것이요, 말하지 못하면 베어 버리겠다."

대중이 대답하지 않자, 남전은 마침내 고양이를 베어 버렸다.

---

231) 남전보원(南泉普願) : 748-834. 마조도일(馬祖道一)의 법제자. 속성이 왕(王)씨여서 흔히 '왕노사(王老師)'라고도 한다. 천보(天寶) 7년에 태어났다. 정주(鄭州, 하남성) 신정인(新鄭人). 속성은 왕(王)씨. 지덕(至德) 2년(757) 부모에게 원하여 밀현(密縣, 하남성) 대외산(大隈山)의 대혜(大慧)에게 수업을 받았다. 대력(大曆) 12년(777) 30세 때에 숭악(嵩嶽, 하남성) 회선사(會善寺)의 호율사(호律師)에게 구족계를 받았다. 처음에는 성상(性相)의 학을 닦고, 뒤이어 삼론(三論) 등을 배웠지만 현기(玄機)는 경론(經論)의 밖에 있다는 뜻을 깨닫고, 뒤이어 마조도일에게 참학하여 그의 법을 이었다. 정원(貞元) 11년(795) 지양(池陽, 안휘성) 남전산(南泉山)에 머물렀고, 선원(禪院)을 짓고, 사립(簑笠; 도롱이와 삿갓)을 씌운 소를 기르고 산에 들어가서 나무를 자르고 밭을 경작하면서도 선도(禪道)를 고취하고 스스로 왕노사(王老師)라 칭하면서 30년 동안 산을 내려오는 일이 없었다. 태화(太和; 827-835) 초에 지양의 전 태수인 육긍(陸亘)은 남전을 참예하고 스승의 예를 취하였다. 조주종심(趙州從諗), 장사경잠(長沙景岑), 자호이종(子湖利蹤) 등 많은 제자를 제접하여 교화하였다. 태화 8년 10월 21일 병이 들어 동년 12월 25일 시적(示寂)하였다. 세수 87세이고 법랍(法臘)은 58세였다. 태화 9년 전신(全身)을 탑에 넣었다.

232) 도득(道得) : 말을 하다. 득(得)은 요(了)와 같이 완료를 나타내는 접미사.

저녁에 조주(趙州)가 외출했다 돌아오자 남전은 낮의 일을 조주에게 들려주었다. 그러자 조주는 신발을 벗어 머리에 이고 나가 버렸다. 남전이 말했다.

"자네가 있었다면, 고양이를 구했을 텐데."[233]

南泉和尙, 因東西堂爭貓兒, 泉乃提起云: "大衆, 道得卽救, 道不得卽斬卻也." 衆無對, 泉遂斬之. 晚趙州外歸, 泉擧似州. 州乃脫履, 安頭上而出. 泉云: "子若在, 卽救得貓兒."

[군소리]

도를 도라고 말하면 늘 그런 도가 아니다.

---

233) 『경덕전등록』 제8권 '지주남전보원선사(池州南泉普願禪師)'에 이 이야기가 실려 있다. 『조당집』 제5권 '덕산화상(德山和尙)'에 이 이야기가 다음과 같이 소개되어 있는데, 조주가 돌아와서 한 행동은 기록에 없다. 남전(南泉)의 제일좌(第一座)가 고양이를 기르고 있었는데, 이웃한 선상(禪床)의 다리를 고양이가 물어뜯는 바람에 서로 언쟁이 일었다. 어떤 사람이 이 사실을 남전에게 알리자 남전은 곧 승당으로 내려와서 고양이를 집어 들고서 말했다. "말할 수 있는 사람이 있느냐? 말할 수 있는 사람이 있느냐? 말할 수 있는 사람이 있다면, 이 고양이의 목숨을 살릴 것이다." (대답이 없자,) 남전은 곧 칼을 꺼내어 고양이를 두 동강 내어 버렸다.(因南泉第一座養猫兒, 隣床損脚. 因此相諍. 有人報和尙, 和尙便下來, 拈起猫兒, 云: "有人道得摩? 有人道得摩? 若有人道得, 救這个猫兒命." (無對). 南泉便以刀斬作兩橛(截).) 『연등회요』나 『오등회원』의 기록은 『전등록』을 따르고 있다.

[무문의 말]

　자, 말해 보라. 조주가 짚신을 머리에 인 뜻이 무엇인가? 만약 여기에서 한마디 알맞은 말을 할 수 있다면, 곧 남전의 명령이 헛되이 행해지지 않았음을 알리라. 아직 그렇지 못하다면 위험하다.[234]

　無門曰: "且道. 趙州頂草鞋意作麼生? 若向者裏下得一轉語, 便見南泉令不虛行. 其或未然, 險."

[군소리]

　꿈속에서 범한 살생 때문에 육도라는 꿈속을 돌고 도는 것이다.

[무문의 송]

　조주가 만약 있었다면
　그 명령을 거꾸로 행해서
　칼을 빼앗아 버릴 테니
　남전도 목숨을 빌었으리라.

　頌曰: "趙州若在, 倒行此令, 奪却刀子, 南泉乞命."

---

234) 험(險) : 험난하다. 멀다. 위험하다. 나쁘다. 여기에서는 고양이의 목숨이 위험하다는 말을 하는 듯하지만, 결국 여법(如法)하지 못하면 위험하다는 말.

[군소리]

그렇긴 하나 진흙탕 속의 중생을 위하여 진흙탕에 들어가는 부
처님의 자비를 무시하진 말아야 한다.

[총평]

남전이 고양이 때문에 망령이 들어
훔친 적도 없는 돈을 내놓으라 하네.
애처로운 스승을 보다 못한 조주가
한바탕 연극을 벌여 한통속이 되는구나.

제15칙 동산의 세 방망이 洞山三頓

[고칙]

동산수초(洞山守初)[235]가 찾아왔을 때 운문문언(雲門文偃)[236]이

235) 동산수초(洞山守初) : 910-990. 오대(五代) 송초(宋初) 스님. 운문종(雲門宗). 동산(洞山)은 머물렀던 산 이름. 속성은 부(傅)씨. 섬서성(陝西省) 봉상부(鳳翔府) 양원(良原) 출신. 16세에 출가하여 율장(律藏)을 배우고 뒤에 운문문언(雲門文偃)을 찾아가 깨닫고 그 법을 이었다. 남한(南漢) 건우(乾祐) 원년(元年; 948)에 대중의 청에 의하여 강서성(江西省) 양주(襄州)의 동산(洞山)에 머물렀다. 송(宋) 태평흥국(太平興國) 6년(981)에 숭혜대사(崇慧大師)라는 휘호를 받았다. "어떤 것이 부처입니까?"라는 질문에 "마삼근(麻三斤)."이라고 답하여 뒤에 공안이 되었다.

236) 운문문언(雲門文偃) : 864-949. 당말(唐末) 5대(五代) 스님이며, 오가칠종(五家七宗)의 하나인 운문종(雲門宗)의 개조(開祖)이다. 속가의 성은 장(張)씨이며, 절강성 가흥(嘉興) 출신이다. 어려서부터 출가에 뜻을 두어 가흥 공왕사(空王寺)의 지징(志澄) 율사에게 가서 동행(童行)이 되었으며, 17세에 출가하여 20세에 비릉(毘陵, 江蘇省)의 계단(戒壇)에서 구족계를 받고, 다시 지징 문하로 돌아가 사분율(四分律) 등을 배웠다. 그 후 황벽희운(黃檗希運)의 법을 이은 목주도종(睦州道蹤)에게서 참학하였고, 다시 설봉의존(雪峰義存)에게 가서 배우고 그 법을 이었다. 나중에 설봉을 떠나 여러 곳을 떠돌아다니며 여러 선자들과 교유하다가, 건화(乾化) 원년(911)에 조계(曹溪, 廣東省)로 가서 육조(六祖)의 탑에 예배하였고, 뒤이어 복주대안(福州大安)의 법을 이은 영수여민(靈樹如敏)의 문하로 들어갔다. 정명(貞明) 4년(918)에 영수가 입적하자, 당시 광동을 중심으로 남한(南漢)을 세우고 있던 광주(廣主) 유엄(劉龑)의 청을 받고 그의 법석(法席)을 이었다. 동광(同光) 원년(923)에 운문산에 선찰(禪刹)을 세우고 천여 명의 대중을 이끌었다. 운문산에서 머문 지 30여 년, 남한의 건화(乾化) 7년(949) 4월 10일에 입적하였다. 뇌악(雷嶽)이 〔운문산광태선원광진대사행록(雲門山光泰禪

110

물었다.

"최근에 어디를 떠나왔는가?"

"사도(查渡)에서 왔습니다."

"여름에는 어디에 있었는가?"

"호남(湖南)의 보자사(報慈寺)에 있었습니다."

"언제 거기를 떠났는가?"

"8월 25일에 떠났습니다."

"너를 세 방망이 때릴[237] 것을 용서해 준다."[238]

동산은 다음 날 다시 찾아가 가르침을 청했다.[239]

"어제 스님께서 방망이 세 대를 용서해 준다고 하셨는데, 허물이 어디에 있는지 모르겠습니다."

院匡眞大師行錄)〕·〔운문산광태선원고광진대사실성비(雲門山光泰禪院故匡眞大師實性碑)〕를 지었고, 또 사후 17년이 지나 기이한 상서가 나타나자 문언에게 '대자운광성굉명대사(大慈雲匡聖宏明大師)'라는 호를 추시(追諡)하였으며, 진수중(陳守中)에 의해 〔대한소주운문산대각선사대자운광성굉명대사비명(大漢韶州雲門山大覺禪寺大慈雲匡聖宏明大師碑銘)〕이 지어졌다. 수견(守堅)이 엮은 『운문광진선사광록(雲門匡眞禪師廣錄)』 3권이 있다.

237) 삼돈방(三頓棒) : ①세 번 몽둥이로 때리다. ②60대의 몽둥이 형벌. 중국 형벌에서 태형(笞刑)을 때릴 때 일돈(一頓)을 20대로 때렸다고 하므로, 삼돈(三頓)은 60대가 된다.

238) 방여삼돈봉(放汝三頓棒) : 너를 방망이로 3대 때려야 할 것을 눈감아 준다(용서해 준다). 방(放)은 '용서하여 눈감아 주다', '용서하여 풀어주다'(=요(饒))는 뜻. 속뜻은 당장 때리지는 않지만 몽둥이를 맞아야 할 허물이 있다는 뜻. 허물을 지적하는 말.

239) 문신(問訊) : ①청혼하다. ②간청하다. 간절히 부탁하다. ③묻다. 가르침을 청하다. ④알아보다. ⑤안부를 묻다. 위로하다. ⑥합장하고서 안부를 묻는 인사.

운문이 말했다.

"밥통아!²⁴⁰⁾ 강서(江西)와 호남(湖南)으로 곧장 그렇게 다니거라."

동산은 여기서 크게 깨달았다.²⁴¹⁾

雲門, 因洞山參次, 門問曰: "近離甚處?" 山云: "查渡." 門曰: "夏在甚處?" 山云: "湖南報慈." 門曰: "幾時離彼?" 山云: "八月二十五." 門曰: "放汝三頓棒." 山至明日, 卻上問訊: "昨日蒙和尙放三頓棒, 不知過在甚麼處." 門曰: "飯袋子! 江西湖南, 便恁麼去." 山於此大悟.

[군소리]

강서로 호남으로 다녔지만, 한 발짝도 뗀 적이 없는 줄을 몰랐구나.

[무문의 말]

운문은 그때 곧바로 본분의 먹이²⁴²⁾를 주어 동산에게 따로 한 가닥 살아갈 길²⁴³⁾이 있게 함으로써 가문이 쓸쓸하지 않게 되었다.

---

240) 반대자(飯袋子) : 밥주머니. 식충이. 밥통. 쓸모없는 사람을 가리킴.

241) 『경덕전등록』 제23권 '양주동산수초숭혜대사(襄州洞山守初崇慧大師)'에 이 이야기가 실려 있다.

242) 본분초료(本分草料) : 본분의 먹이. 본분의 음식. 수행자를 본분(本分)으로 되돌아가도록 하기 위하여 종사(宗師)가 수행자에게 주먹으로 치거나 몽둥이로 때리거나 할을 하는 등의 적절한 지도(指導). 수행자를 소나 말에 비유하고 종사의 가르침을 그 먹이에 비유한 말.

243) 생기(生機) : ①생존의 기회. 삶의 희망. 살아갈 길. 살 가망. ②생기. 활기.

하룻밤 시비(是非)의 바다 속에 넘어져[244] 있다가 날이 밝자마자 다시 찾아오니, 다시 그에게 자세히 가르쳐서[245] 동산이 즉시 깨닫도록 하였으니, 조급한 성격[246]은 아니다.

이제 여러분에게 묻노니, 동산이 세 방망이를 맞아야 하는가, 맞지 말아야 하는가?

만약 맞아야 한다고 말하면, 초목과 수풀이 모두 방망이 맛을 보아야 할 것이다.

만약 맞지 말아야 한다고 말하면, 운문이 다시 헛소리[247]를 한 것이다.

여기에서 밝힐 수 있으면, 비로소 동산과 더불어 같은 입으로 숨을 쉴[248] 것이다.

無門曰: "雲門當時, 便與本分草料, 使洞山別有生機一路, 家門不致寂寥. 一夜在是非海裏著倒, 直待天明再來, 又與他注破, 洞山直下悟去, 未是性燥. 且問諸人, 洞山三頓棒, 合喫不合喫? 若道合喫, 草木叢林, 皆合喫棒. 若道不合喫, 雲門又成誑語. 向者裏明得, 方與洞山出一口氣.

---

244) 착도(著倒) : 넘어지다.

245) 주파(注破) : 주석(註釋)하다. 주소(注疏)하다. 덧붙여 상세히 설명하다. 파(破)는 동사의 뒤에서 동작의 완성을 표시하는 요(了), 득(得)과 같은 어조사(語助辭).

246) 성조(性燥) : 성마르다. 조급하다. =성조(性躁), 성조(性懆).

247) 광어(誑語) : 거짓말. 허풍.

248) 출기(出氣) : ①화풀이를 하다. 분노를 발설시키다. ②숨쉬다. ③탄식하다. ④기백(氣魄)을 드러내다. ⑤할 말을 하다.

[군소리]

무문의 입부터 먼저 한 대 맞아야 한다.

[무문의 송]

사자는 새끼를 가르침에 미자결(迷子訣)[249]로 하니

앞으로 뛰어오르려[250] 하다 벌써 몸을 돌려 벗어난다네.[251]

까닭 없이[252] 거듭 말하여 대면하도록[253] 하니[254]

앞의 화살은 오히려 가볍고 뒤의 화살[255]이 깊이 박혔구나.

---

249) 미자결(迷子訣) : =미종결(迷蹤訣). 사자가 새끼를 교육시키는 비결을 가리킨
다. 사자는 새끼를 교육시킬 때, 새끼를 벼랑 끝으로 데리고 가 벼랑 끝에서 발
디딜 곳 없는 허공 속으로 밀어 떨어뜨리는데, 새끼가 민첩하게 몸을 되돌려 벼
랑 아래로 떨어지지 않고 기어 올라오면 거두어 키운다고 한다. 선(禪)에서 제
자를 교육시킬 때 종장은 제자의 마음이 어디에도 머물 수 없도록 모든 흔적과
자취를 감추어 버리고는 마음을 내놓으라고 요구하는 것이 바로 미종결이다.
제자의 마음이 머무는 모든 곳을 빼앗아 버리고서 다시 제자에게 마음을 내놓
으라고 요구하는 것이다. 이렇게 손쓸 수 없는 궁지에 몰린 제자가 참으로 자신
의 살림살이를 찾게 되면, 지금까지 스승에게 내몰리던 제자는 도리어 스승을
몰아댈 수 있게 된다.

250) 도척(跳躑) : 도약하다. 뛰어오르다.

251) 번신(翻身) : ①몸을 돌림. ②몸을 훌쩍 솟구침. ③곤경에서 벗어남을 비유하는
말.

252) 무단(無端) : ①이유 없이. 까닭 없이. 실없이. ②끝이 없다.

253) 당두(當頭) : ①당장. 즉시. 그 자리에서. ②얼굴을 맞대다. 정면으로 마주하다.

254) 착(著) : 동사의 뒤에 놓여 조건을 나타내도록 하는 어조사로서 '-하고 보니'라
는 뜻.

255) 앞의 화살은 운문의 전날의 가르침이고, 뒤의 화살은 뒷날의 가르침임.

114

頌曰: 獅子敎兒迷子訣, 擬前跳躑早翻身. 無端再敍當頭著, 前箭猶輕後箭深.

[군소리]
죽이는 것이 곧 살리는 것이다.

[총평]
운문의 호통에 문득 정신 차린 동산이
다시 강서로 호남으로 싸돌아다녔으나,
이제는 가는 곳마다 운문과 함께 다니니
다시는 밥통이라 꾸지람 듣지 않았다네.

제16칙 종소리에 칠조가사를 입다鐘聲七條

[고칙]

운문(雲門)이 말했다.

"세계가 이렇게 드넓은데, 무슨 까닭에 종소리에 칠조가사(七條袈裟)²⁵⁶)를 입느냐?"²⁵⁷)

雲門曰: "世界恁麼廣闊, 因甚向鐘聲裏披七條?"

[군소리]

세계가 이렇게 드넓으니 종소리에 칠조가사를 입을 수 있지.

[무문의 말]

---

256) 칠조가사(七條袈裟) : '울다라승(uttara-asanga)'이라 하며, 상착의(上着衣)라 번역함. 승려의 의복인 삼의(三衣) 가운데 중의(中衣)를 말한다. 그 조수(條數)를 계산하여 칠조(七條)라 함.

257) 『고존숙어록(古尊宿語錄)』 제15권 「운문광진선사광록(雲門匡眞禪師廣錄)」 상(上)에 이 내용이 있는데, 전체는 다음과 같다 : 법당에 올랐을 때에 종소리를 듣고서 말했다. "세계가 이렇게 드넓은데, 무슨 까닭에 종소리에 칠조가사(七條袈裟)를 입느냐?"(上堂, 因聞鐘鳴, 乃云: "世界與么廣闊, 爲什么鐘聲披七條?") 『오등회원』 제15권 '소주운문산광봉원문언선사(韶州雲門山光奉院文偃禪師)'에도 동일한 내용이 실려 있다.

요컨대[258] 선(禪)을 행하고 도(道)를 배움[259]에는 소리를 따르고 색깔을 좇는 것을 절대 삼가야 한다.[260]

비록[261] 소리를 듣고 도를 깨닫고 색깔을 보고 마음을 밝히더라도 역시[262] 평범할 뿐, 납승(衲僧)의 집안이라면 소리를 올라타고 색깔을 뒤덮고서 하나하나[263]에서 밝고 하는 일마다[264]에서 묘하다는 것을 전혀 알지 못할 것이다.[265]

비록 그렇다 하더라도, 한번 말해 보라.

소리가 귓가로 오는 것인가, 귀가 소리 곁으로 가는 것인가?

설사[266] 소리와 고요함을 모두 잊는다고 하더라도, 여기에 이르러 어떻게 말하겠는가?[267]

만약 귀로 듣는다면 알기 어렵고, 눈으로 소리를 들어야 비로소 가까우리라.

---

258) 대범(大凡) : ①일반적으로. 대략. ②요컨대. 한마디로 말하면. ③하여간. 아무튼. 결국.

259) 참선학도(參禪學道) : 선(禪)에 참여하고, 도(道)를 배운다. 깨달음을 얻기 위하여 선을 공부하고 도를 배운다.

260) 절기(切忌) : 극력 피하다. 극력 삼가다. 절대 −해서는 안 된다.

261) 종사(縱使) : 비록 −이지만. 설사 −라 하더라도.

262) 야시(也是) : 역시 −이다. 야(也)는 역(亦)과 같음.

263) 두두(頭頭) : 사사건건(事事件件). 하나하나.

264) 착착(着着) : ①하나하나. 한 걸음 한 걸음. ②착착(일이 순조롭게 되어 가는 모양).

265) 수부지(殊不知) : 전혀 알지 못하다. 전혀 모르다.

266) 직요(直饒) : 비록 −라고 하여도. 설사 −라고 하여도.

267) 화회(話會) : 말하다.

無門曰: "大凡參禪學道, 切忌隨聲逐色. 縱使聞聲悟道, 見色明心, 也是尋常, 殊不知, 衲僧家騎聲蓋色, 頭頭上明, 著著上妙. 然雖如是, 且道. 聲來耳畔, 耳往聲邊? 直饒響寂雙忘, 到此如何話會? 若將耳聽應難會, 眼處聞聲方始親."

[군소리]

눈으로 소리를 들으려면, 눈으로 냄새도 맡고 맛도 보고 느끼기도 하고 생각도 해야 하리라.

[무문의 송]

알면 곧 온갖 일이 한 집안이나

알지 못하면 천 가지 만 가지 다르고,[268]

알지 못하면 온갖 일이 한 집안이나

알면 곧 천 가지 만 가지 다르다.[269]

頌曰: "會則事同一家, 不會萬別千差, 不會事同一家, 會則萬別千差."

[군소리]

보이지 않는데도 알면 축복이고, 보이는데도 모르면 재앙이다.

---

268) 회(會)를 '깨닫다'는 뜻으로 사용함.
269) 회(會)를 '이해하다'는 뜻으로 사용함.

[총평]
부처님은 모든 곳에 나타나 있지만
예불을 올리면 도리어 뵐 수 없고,
부처님은 어디에도 나타나 있지 않지만
예불을 올리면 뚜렷이 뵐 수 있다.

제17칙 국사가 세 번 부르다 國師三喚

[고칙]

국사(國師)가 시자(侍者)를 세 번 부르자 시자가 세 번 응답했는데, 국사가 말했다.

"내가 너를 저버린다[270]고 여겼는데,[271] 알고 보니[272] 도리어 네가 나를 저버리는[273]구나!"[274]

---

270) 고부(辜負) : 저버리다.

271) 장위(將謂) : ―라고 여겼는데(결국 그렇지 않다는 뜻을 내포함). ―라고 잘못 알다. =장위(將爲). 충국사가 자신이 손가락으로 달을 가리키고 있음을 나타낸 말. 손가락을 달로 착각할까 봐 염려하였다는 뜻이다.

272) 원래(元來) : ①원래(原來). 본래(本來). ②알고 보니(실제 상황을 알아냈음을 나타냄).

273) 충국사가 보기에 시자는 단지 손가락만 따라가고 있을 뿐임을 나타낸다. 혹시 손가락에 속지 않을까 하고 염려하였는데, 역시 달은 보지 못하고 손가락만 보는구나라는 뜻.

274) 『경덕전등록』 제5권 '西京光宅寺慧忠國師(西京光宅寺慧忠國師)'에 이 내용이 다음과 같이 실려 있다 : 하루는 시자를 불렀는데, 시자가 "예!" 하고 대답하였다. 이와 같이 세 번 부르니 세 번 모두 "예!" 하고 대답하였다. 이에 국사가 말했다. "내가 너를 저버리는 줄 알았는데, 도리어 네가 나를 저버리는구나."(一日喚侍者, 侍者應諾. 如是三召, 皆應諾. 師曰: "將謂吾孤負汝, 卻是汝孤負吾.") 『조당집』에서 혜충국사(慧忠國師)를 언급한 곳에는 이 내용이 없으나, 『조당집』 제20권 '興化和尙(興化和尙)'에 다음과 같이 이 이야기가 인용되어 있다. 누군가 물었다. "국사(國師)가 시자를 부른 것은 그 뜻이 무엇입니까?" 흥화(興化)가 말했다. "한 사람의 봉사가 여러 봉사를 끌고가는 것이다." 이산(怡山)이 이 이야기를 들어 대중에게 물었다. "어떤 곳이 국사가 눈이 먼 곳이냐?" 스스로

國師三喚侍者, 侍者三應, 國師云: "將謂吾辜負汝, 元來卻是汝辜負吾."

[군소리]

국사는 죄 없는 시자를 제멋대로 칭찬했다 욕했다 하며 혼자서 애써 연극을 했는데, 이것이 바로 국사의 자비임을 시자가 알았다면 국사가 외롭진 않았겠지.

[무문의 말]

국사가 세 번 불러서 망상을 피웠는데,[275] 시자는 세 번 답함으로써 장단을 맞추었다.[276]

대중을 대신하여 말했다. "그에게 무엇이 부족하랴?"(問: "國師喚侍者, 意作摩生?" 師云: "一盲引衆盲." 怡山拈問衆: "什摩處是國師盲處?" 自代云: "他家欠少甚摩?")

275) 설두타지(舌頭墮地) : =설두락지(舌頭落地). ①혀가 뽑혀서 땅에 떨어지다. 잘못된 말을 한 대가를 치름을 가리킴. ②혀를 뽑아 땅에 떨어뜨리다. 말로써 표현할 수 없도록 만들다. 말로써 표현할 수 없는 묘법(妙法)을 가리키는 표현. 여기에서는 첫번째 뜻으로 사용되었다. 충국사가 시자를 부름으로써 법을 드러내려는 것은 곧 망상하여 헛소리를 한 것이니, 마치 물결과 물을 차별하는 것과 같기 때문이다. 그러나 법을 가리키려는 선지식은 늘 방편을 사용할 수밖에 없으니, 스스로 물에 빠지고 진흙탕을 뒤집어쓸 수밖에 없다. 그러므로 이 말은 충국사를 비난하는 듯하지만, 그 자비심을 칭찬하는 역설적인 뜻을 가졌다.

276) 화광토출(和光吐出) : 화광(和光)을 뿜어내다. 화광은 빛을 감춘다는 뜻으로서, 훌륭한 재주를 감추고 드러내지 않음을 말함. 화광동진(和光同塵)과 같은 뜻. 화광동진은 노자(老子)의 『도덕경(道德經)』56장에 나오는 구절로서, 빛을 감추고 티끌 속에 섞여 있다는 뜻으로, 자기의 뛰어난 지덕(智德)을 나타내지 않고 세속을 따름을 이르는 말. 여기에서 화광토출(和光吐出) 즉 화광을 뿜어냈다는

121

국사가 나이 들어 자신감이 없어졌는지,[277] 소머리를 눌러 억지
로 풀을 먹이려 하는구나.[278]

시자가 기꺼이 받아들이지[279] 아니하니, 맛있는 음식도 배부른
사람이 먹기에는 적당하지 않다네.

말해 보라. 어디가 시자가 국사를 저버린 곳인가?

나라가 안정되어 있으면 재주 있는 사람이 등용되고, 집안에 돈
이 많으면 어린아이도 함부로 설친다.[280]

것은 시자가 충국사의 헛소리를 헛소리인 줄 알면서도 짐짓 장단을 잘 맞추어
주었다는 뜻. 실제로는 시자는 법을 모르고 단지 충국사의 부르는 소리에만 응
했으니, 안목을 가진 제삼자인 무문(無門)이 보는 입장에서 시자를 두둔하고 충
국사를 비난하는 듯하지만, 사실은 시자의 안목 없음을 역설적으로 드러내고
충국사가 헛고생했음을 나타내는 말.

277) 심고(心孤) : ①자신감이 없다. ②외롭다.

278) 중국 속담에 '소머리를 눌러 억지로 풀을 먹일 수는 없다.'(안우두끽부득초(按牛
頭喫不得草))라는 말이 있는데, 강제로 시키거나 명령하여서는 일을 성사시킬
수 없다는 뜻이다. 충국사가 되지도 않는 헛짓거리를 억지로 하고 있다는 뜻이
다.

279) 승당(承當) : 맡다. 담당하다. 받들어 지키다. 수긍하고 인정하다. 불조(佛祖)에
게서 전해져 온 정법(正法)을 받아 지킨다는 뜻으로서, 종지(宗旨)를 깨달아 체
득하는 것을 가리키는 말.

280) 국청재자귀가부소아교(國淸才子貴家富小兒嬌) : =국청재자귀가부소아교(國淸才
子貴家富小兒驕). 교(嬌)는 교(驕)와 같음. 나라가 깨끗하면 재주가 뛰어난 사람이
귀하게 되고, 집안이 부유하면 어린아이도 교만하다. 나라가 안정되어 있으면 재
주가 있는 사람이 등용되고, 집안에 돈이 많으면 어린아이도 함부로 설친다. 바른
선지식을 만나면 발심한 사람이 깨닫고, 유명한 선지식을 모신 시자는 자기도 목
에 힘을 준다.

無門曰: "國師三喚, 舌頭墮地, 侍者三應, 和光吐出. 國師年老心孤, 按牛頭喫草. 侍者未肯承當, 美食不中飽人餐. 且道. 那裏是他辜負處? 國淸才子貴, 家富小兒嬌."

[군소리]

아픔을 못 견뎌 의사를 찾아간 환자에게 주는 의사의 약이라면 환자는 얼른 받아먹을 것이지만, 스스로 아픈지도 알지 못하는 환자에게는 의사가 아프니 약을 먹으라고 준다면 쉽게 받아먹진 않을 것이다.

[무문의 송]

쇠칼에 구멍이 없는데도[281] 사람에게 씌우려 하여,

그 재앙이 자손에까지 미치니 예삿일[282]이 아니다.

선가(禪家)의 문호(門戶)를 떠받치고자[283] 한다면,

다시 맨발로 칼산[284]을 올라야만 하리라.

---

281) 무공철가(無孔鐵枷) : 죄인의 목에 씌우는 쇠로 만든 칼인데, 목이 들어가는 구멍이 없는 칼. 무공철추(無孔鐵鎚)와 같이 분별할 수 없고 잡을 수 없는 법을 가리키는 말. =무공철추(無孔鐵鎚).

282) 등한(等閒) : ①예사롭다. 보통이다. ②쉽다. ③내키는 대로 하다. ④헛되이. 실없이. 공연히. =등한(等閑).

283) 탱문주호(撑門拄戶) : 문호(門戶)를 떠받치다. 가문(家門)을 지탱하다.

284) 도산(刀山) : 칼산. 도검(刀劍)의 풀이 우거진 산. 10지옥의 하나.

頌曰: "鐵枷無孔要人擔, 累及兒孫不等閑. 欲得撑門幷拄戶, 更須赤脚上刀山."

[군소리]
훔치지 않은 물건을 내놓으라고 윽박질러서 빼앗을 줄 알면 된다.

[총평]
국사의 허물은 자기 주머니의 물건을
시자에게 내놓으라고 다그치는 것이고,
시자의 허물은 본 적도 없는 물건을
자기도 모르게 척척 내놓은 것이다.

124

제18칙 동산의 삼 서 근洞山三斤

[고칙]

동산수초(洞山守初) 화상에게 어떤 승려가 물었다.

"어떤 것이 부처입니까?"

동산이 말했다.

"삼이 서 근이다"285)

洞山和尚, 因僧問: "如何是佛?" 山云: "麻三斤."

[군소리]

가장 값싼 것이 가장 비싼 것이다.

[무문의 말]

동산 노인은 약간의 방합선(蚌蛤禪)286)을 공부했으니,287) 껍질을 양쪽으로 열자마자 내장(內臟)을 다 드러내 보인다. (본래 내장이 투

---

285) 『경덕전등록』 제22권 '수주쌍천산사관명교대사(隋州雙泉山師寬明敎大師)'에 인용되어 있다. 당대(唐代) 한 필(匹)의 마사(麻絲)는 그 무게가 삼근(三斤)이었다.

286) 방합선(蚌蛤禪) : 방합(蚌蛤) 조개가 껍질을 열어 내장을 다 보여 주듯이, 종지(宗旨)를 숨김없이 모두 보여 주는 선(禪)이란 말.

287) 참득(參得) : 참(參)은 어떤 일을 행하다는 뜻이고, 득(得)은 동작의 완료를 나타내는 어조사.

명하게 드러나 있다.)

비록 그렇다 하더라도, 말해 보라. 어디에서 동산을 보는가? (어디에서 동산을 보지 않을 수 있는가?)

無門曰: "洞山老人, 參得些蚌蛤禪, 纔開兩片, 露出肝腸. 然雖如是, 且道. 向甚處見洞山?"

[무문의 송]
불쑥 내뱉은 삼 서 근,
말도 가깝지만 뜻은 더욱 가깝구나!
남의 옳음과 그름을 따지는 자가
바로 시비에 떨어진 사람이로다.[288]

頌曰: "突出麻三斤, 言親意更親. 來說是非者, 便是是非人."

[군소리]
제 얼굴은 자기에게서 가까이 있는가? 멀리 있는가?

[총평]

---

288) 내설시비자변시시비자(來說是非者便是是非者) : (중국 속담) 남의 말을 하는 사람은 그 자신이 문제가 있는 사람이다. 남의 옳고 그름을 말하는 자가 바로 시비(是非)에 떨어진 사람이다. =내설시비자취시시비인(來說是非者就是是非人).

126

부처가 무엇인가 삼 서 근
숨김없이 다 드러내었지만,
수많은 선량한 남녀의
눈을 가리고 입을 막는구나.

보지 않고 보아야
또렷이 보일 것이고,
생각하지 않고 알아야
명백히 드러날 것이다.

제19칙 평소의 마음이 도 平常是道

[고칙]

남전(南泉)에게 조주(趙州)가 물었다.

"어떤 것이 도(道)입니까?"

남전이 말했다.

"평소²⁸⁹⁾의 마음이 도이다."

조주가 말했다.

"향하여 다가갈²⁹⁰⁾ 수 있습니까?"

남전이 말했다.

"헤아려²⁹¹⁾ 향하면 어긋난다."

조주가 말했다.

"헤아리지 않으면, 어떻게 도인 줄 알겠습니까?"

남전이 말했다.

"도는 아는 것에도 속하지 않고, 모르는 것에도 속하지 않는다. 안다고 하는 것은 망령된 깨달음(妄覺)이요, 모른다는 것은 깜깜

---

289) 평상(平常) : ①평소(平素). 평시(平時). ②평범(平凡).

290) 취향(趣向) : ①향하여 다가가다. ②하고 싶은 마음이 생기는 방향. 또는 그런 경향. 의향. 지향. ③마음이 그쪽으로 기울어지다.

291) 의(擬) : ①장래를 위하여 준비함을 가리킴. ─하려 하다. ─할 예정이다. =욕(欲). ②재다. 헤아리다. 추측하다.=의의(擬議).

128

하게 어두운[292] 것이다. 만약 참으로 헤아릴 수 없는 도에 통달한다면, 마치 허공과 같이 텅 비고[293] 탁 트일[294] 것이니, 어떻게 굳이 옳고 그름을 따질 수 있겠느냐?"

조주는 이 말을 듣자마자[295] 문득 깨달았다.

南泉, 因趙州問："如何是道?" 泉云："平常心是道." 州云："還可趣向否?" 泉云："擬向卽乖." 州云："不擬, 爭知是道?" 泉云："道不屬知, 不屬不知. 知是妄覺, 不知是無記. 若眞達不擬之道, 猶如太虛, 廓然洞豁, 豈可强是非也?" 州於言下頓悟.

[군소리]

병아리가 안에서 쪼고 어미닭이 밖에서 쪼니 껍질이 부서지는구나.

[무문의 말]

---

292) 무기(無記) : 이해(理解)가 없다. 알 수 없어서 깜깜하다.

293) 확연(廓然) : 확 트이다. 텅 비다.

294) 통활(洞豁) : 확 트이다. 거침없이 뚫리다.

295) 언하(言下) : ①말하는 사이에. ②바로 그 자리에서. 즉시. ③말을 들으며. 말을 듣고서.

296) 피(被) : -당하다. -에게 -당하다. 피동형 문장에서 동작, 작용을 행하는 주동자가 누구인지를 표시함. 또는 동사 앞에 쓰여서 피동을 나타냄.

297) 와해빙소(瓦解冰銷) : =빙소와해(冰銷瓦解). ①계획이나 조직 따위가 산산히 무너지다. 와해되다. ②(의혹, 오해, 고통 따위가) 사라지다. 해소되다.

남전은 조주의 질문을 받고서[297] 생각이 다 사라지게[298] 되어[298] 법을 설명할 수가 없었고,[299] (다만 조주의 질문에 따라 조주의 막힌 곳을 뚫어 줄 뿐이었다.)

조주는 비록 깨닫긴 하였지만,[300] 다시 30년[301]을 공부해야[302]

---

298) 직득(直得) : ~하여 ~되다. ~한 탓으로 ~하다. ~하기 때문에 ~하게 되다. (주로 부정적 결과에 도달함을 나타냄.) ~한 결과를 낳다. ~하게 되다.

299) 분소불하(分疏不下) : 변명(해명, 설명)할 수 없다. 분소(分疏)는 '일의 시비를 조목조목 설명하거나 해명하다', '변명하다', '밝히다'는 뜻. 불하(不下)는 뒤에 붙어 부득(不得)과 같이 '~할 수 없다'는 뜻을 나타낸다. 남전이 조주의 질문을 듣자 법에 대한 관념이 얼음 녹듯이 다 사라져서 법을 설명할 수가 없고, 다만 질문에 따라 조주의 의심을 풀어주고 관념을 부수어 주는 역할만 하였다는 뜻. 남전이 조주를 가르쳐 깨달음으로 이끈 실력을 평가하는 말이다.

300) 종요(縱饒) : 설사 ~라 하더라도. =즉사(卽使), 즉혹(卽或), 즉령(卽令), 즉약(卽若), 즉시(卽是), 종연(縱然).

301) 삼십년(三十年) : 오랜 세월을 가리킴. 어떤 일에 익숙해질 만큼의 오랜 세월. 수행자가 수행을 어느 정도 완성하기에 필요한 만큼의 시간. 삼십년적과부(三十年的寡婦; 30년을 과부로 지낸 홀로 살기에 능숙한 사람), 삼십년풍수륜유전(三十年風水輪流轉; 세월이 지나면 풍수도 바뀌고 운명도 바뀐다), 삼십년원보(三十年遠報; 오랜 세월의 보응(報應)이라도 30년은 넘지 않는다) 등의 말들이 있다.

302) 『조당집』 제18권 '조주화상(趙州和尙)'에 다음 대화가 있다 : 조주가 다시 한 노스님이 있는 곳에 이르자, 노스님이 말했다. "노대인께선 어찌하여 머물 곳을 찾지 않습니까?" 조주가 말했다. "어떤 곳이 제가 머물 곳입니까?" 노스님이 말했다. "노대인께서 머물 곳도 알지 못하십니까?" 조주가 말했다. "30년 동안 말 타기를 배웠는데, 오늘 나귀에게 차였구나."(師又到一老宿處, 老宿云: "老大人何不覓取住處?" 師云: "什摩處是某甲住處?" 老宿云: "老大人住處也不識?" 師云: "三十年學騎馬, 今日被驢撲.") 또 『고존숙어록』 제14권 '趙州眞際禪師語錄之餘(趙州眞際禪師語錄之餘)'에 다음 대화가 있다 : 조주가 임제(臨濟)에 당도

하였다.[303] (깨달음은 헤매다가 비로소 길을 찾은 것이니, 이제 그 길을 잘 가야 한다. 그 길은 멀고 지루하고 가끔 갈림길이 있는 것처럼 보이므로, 그 길을 끝까지 잘 가기가 쉽지 않다.)

無門曰: "南泉被趙州發問, 直得瓦解冰消, 分疏不下. 趙州縱饒悟去, 更參三十年始得."

[무문의 송]
봄에는 갖가지 꽃, 가을에는 두둥실 달,
여름에는 서늘한 바람, 겨울에는 하얀 눈.
만약 쓸데없는 일[304]을 근심하지[305] 않는다면,
곧 사람의 좋은 시절이어라.

하여 막 발을 씻고 있는데, 임제가 곧장 물었다. "어떤 것이 조사가 서쪽에서 온 뜻입니까?" 조주가 말했다. "마침 발을 씻고 있습니다." 임제가 가까이 다가와 귀를 기울여 듣는 척하자 조주가 말했다. "안다면 바로 아는 것인데, 알지 못한다면 욕심내어 먹으려 한들 무엇하겠습니까?" 임제는 소매를 뿌리치고 가버렸는데, 조주가 말했다. "30년 동안 행각하였는데, 오늘은 사람에게 잘못 말하였구나."(師因到臨濟, 方始洗脚, 臨濟便問: "如何是祖師西來意?" 師云: "正値洗脚." 臨濟乃近前側聆, 師云: "若會, 便會. 若不會, 更莫啄啄作麼?" 臨濟拂袖去, 師云: "三十年行脚, 今日爲人錯下注脚.")

303) 시득(始得) : (문장 끝에 놓여서) 마땅히 –해야 한다.

304) 한사(閑事) : 자기와 상관없는 일. 남의 일. 중요하지 않은 일. 쓸데없는 일.

305) 괘심두(掛心頭) : =괘념(掛念). 근심하다. 염려하다.

頌曰: "春有百花秋有月, 夏有涼風冬有雪. 若無閑事挂心頭, 便是人間好時節."

[군소리]

분별의식에서 일단 벗어나기만 하면, 나쁜 일도 없고 좋은 일도 없다.

[총평]

평소의 마음이 도인데
어찌하여 깨닫지 못하는가?
물속에서 물을 찾고
자기의 머리를 찾기 때문이지.

평소의 마음이 도인데
어떻게 깨달을 수 있을까?
마음도 모르고 도도 모르고
어떻게도 할 수 없어야 하리라.

제20칙 큰 능력을 가진 사람 大力量人

[고칙]

송원숭악(松源崇嶽)이 말했다.

"큰 능력을 가진 사람[306]이 무엇 때문에 발을 들지 못하는가?"[307]

다시 말했다.

"말할 때는 혀로써 말하는 것이 아니다."[308]

---

306) 대역량인(大力量人) : 깨달음을 얻을 만한 큰 역량을 갖춘 사람. 구마라집이 번역한 『불설범망경직해(佛說梵網經直解)』 상권(上卷) 1에는 "만약 전생의 근성(根性)이 있는 큰 역량의 사람이 이 말을 한번 듣는다면, 금강광명보계(金剛光明寶戒)와 빛나는 선정(禪定)과 지혜의 칼을 손에 쥐고서 온갖 견해의 그물을 찢어버릴 것이다."(若有宿根大力量人, 一聞此說, 卽秉金剛光明寶戒, 耀定慧鋒, 裂諸見網.)라는 구절이 있고, 또 구나발타라가 번역한 『관능가아발타라보경기(觀楞伽阿跋多羅寶經記)』 제4권에 "만약 큰 역량을 가진 사람이라면 자기 마음의 현량(現量)을 문득 보고서 여실(如實)한 구경처(究竟處)에 머물 수 있을 것이다."(若大力量人, 能頓見自心現量, 住如實究竟處.)라는 구절이 있다.

307) 대각불기(擡脚不起) : 다리를 들지 못하다. 발을 들지 못하다. 대기(擡起)는 들어올리다는 뜻.

308) 개구부재설두상(開口不在舌頭上) : 입을 열면 혀에 내맡기지 않는다. 말은 혀가 하는 것이 아니다. 혀로써 말하고자 하는 것을 다 말할 수는 없다. 재(在)는 의지하다, 맡기다, 기대다는 뜻. 『대명고승전(大明高僧傳)』 제8권 '임안부영은사사문석숭악전9(臨安府靈隱寺沙門釋崇岳傳九)'에 나오는 내용. 원문은 다음과 같다 : 배우는 사람들에게 수시(垂示)하였다. "큰 역량을 가진 사람이 무엇 때문에 다리를 들지 못하는가?" 다시 말했다. "입을 열어 말하는 것은 혀에 의하지 않는다."

松源和尙云: "大力量人, 因甚抬脚不起?" 又云: "開口不在舌頭上."

[군소리]

혀를 움직이지 않고 말하고 발을 움직이지 않고 걸어가니, 이보다
더 큰 능력이 어디에 있는가?

[무문의 말]

송원은 마음속의 말을 다 털어놓았다고[309] 할 만하나,[310] 받아들
이는 사람이 없었다.

설사 즉시 받아들인다고 하더라도, 나에게 찾아와 아프게 한 대
맞기에 딱 알맞다.[311]

무슨 까닭인가?

진금(眞金)을 알아보려면 불 속에 넣어 보라.[312]

無門曰: "松源, 可謂傾腸倒腹. 只是欠人承當. 縱饒直下承當, 正好來無
門處喫痛棒. 何故聻? 要識眞金, 火裏看."

(垂語示學者曰: "有大力量人, 因甚抬脚不起?" 又曰: "開口不在舌頭上.")

309) 경장도복(傾腸倒腹) : 마음속에 있는 말을 다 털어놓다.

310) 지시(只是) : =지시(祇是). ①다만. 오직. 오로지. ②그런데. 그러나.

311) 정호(正好) : ①(시간, 위치, 수량, 정도가) 꼭 알맞다. 딱 좋다. ②(부사) 마침.
때마침. 공교롭게도.

312) 그의 주장을 부정해 보아야 그의 진실을 알 수 있다.

[군소리]

스스로 묶여 있지 않다면, 받아들이든 받아들이지 않든 무슨 문제가 있겠는가?

[무문의 송]

다리 들어 향수해(香水海)[313] 밟아 뒤집고

머리 숙여 사선천(四禪天)[314] 내려다보아도,

이 한 개의 몸뚱이를 둘 곳 없으니

(청컨대 나머지 한 구절을 이어 주게.)

頌曰:"抬脚踏翻香水海, 低頭俯視四禪天, 一箇渾身無處著, 請續一句."

[군소리]

그 한 개 몸뚱이를 어디에 두려고 하면, 즉각 지옥에 떨어질 것이다.

[총평]

생각하는데 생각이 없고

313) 향수해(香水海) : 수미산 주위를 에워싸고 있는 큰 바다.
314) 사선천(四禪天) : 사선정(四禪定)을 닦아서 태어나는 색계(色界)의 네 하늘. 초선천(3천)·2선천(3천)·3선천(3천)·4선천(9천). 모두 18천(天). 수미산(須彌山) 위에 있는 욕계육천(欲界六天)을 지나 그 위의 하늘에 있는 색계십팔천(色界十八天)임.

말하는데 말이 없고,
행동하는데 행동이 없으니
어디에 부처 중생이 있으랴?

제21칙 운문의 똥막대기雲門屎橛

[고칙]

운문(雲門)[315]에게 어떤 승려가 물었다.

"어떤 것이 부처입니까?"

운문이 말했다.

"똥 닦는 막대기다."[316]

雲門因僧問: "如何是佛?" 門云: "乾屎橛."

[군소리]

똥 닦고 바지 올리고 손 씻고 나가지만, 부처는 없구나.

[무문의 말]

운문은 집이 가난해서 소박한 음식도 알아보기 어렵고, 일이 바빠 글을 휘갈겨 쓸[317] 틈도 없다고 할 만하다.

---

315) 운문문언(雲門文偃).

316) 『고존숙어록』 제15권 「운문광진선사광록(雲門匡眞禪師廣錄)」 상(上)에 다음 내용이 있다 : 물었다. "어떤 것이 석가의 몸입니까?" 운문이 답했다. "똥 닦는 막대기다."(問: "如何是釋迦身?" 師云: "乾屎橛.") 간시궐(乾屎橛)은 작은 대나무 조각인데 변소에 두고서 똥을 닦는 데 사용하는 물건이다. 측주(廁籌)라고도 한다.

317) 초서(草書) : 한자(漢字)의 여섯 서체(書體)의 하나. 필획을 가장 흘려 쓴 서체로

걸핏하면[318] 똥 닦는 막대기를 가지고 와서 문호(門戶)를 떠받치니, 불법의 흥망성쇠를 알 만하구나.

無門曰: "雲門, 可謂家貧難辨素食, 事忙不及草書. 動便將屎橛來, 撑門拄戶, 佛法興衰可見."

[군소리]
똥 닦는 막대기 하나로 부처 집안을 떠받칠 수 있다면, 무엇을 더 바라랴?

[무문의 송]
번개가 번쩍이고
부싯돌 불꽃이 튄다.
눈을 깜빡이면[319]
이미 놓쳤다.[320]

頌曰: "閃電光, 擊石火. 眨得眼, 已蹉過."

서 획의 생략과 연결이 심하다. 전서(篆書), 예서(隷書)를 간략히 한 것으로 행서(行書)를 더 풀어 점획을 줄여 흘려 쓴 것인데, 초고(草稿) 따위에 쓴다.

318) 동변(動便) : 툭하면. 걸핏하면. 늘. 언제나.

319) 잡안(眨眼) : 눈을 깜빡이다. 눈을 깜짝이다.

320) 차과(蹉過) : ①과오. 허물. 잘못. 실패. ②(기회를) 놓치다. 스치고 지나가다. 실패하다.

138

[군소리]

발은 원래 다리에 달려 있고 손은 원래 팔에 달려 있으니, 잃어
버릴까 염려하지 마라.

[총평]

번갯불도 허깨비고 부싯불도 허깨비니

본래 취할 것도 없고 버릴 것도 없는데,

아무리 재빠른들 무슨 소용이 있으랴?

본래 다만 바로 이렇게 분명한 것을!

제22칙 가섭의 찰간迦葉刹竿

[고칙]

가섭(迦葉)에게 아난(阿難)[321]이 물었다.

"세존께서 금란가사를 전하신 것 이외에 따로 어떤 물건을 전하셨습니까?"

가섭이 아난을 불렀다.

"아난아!"

"예."

"문 앞의 찰간(刹竿)[322]을 넘어뜨려라!"[323]

---

321) 아난(阿難) : 석가의 10대 제자 중 한 사람이다. 줄여 아난다(阿難陀)라고도 한다. 석가가 성도 후 귀향하였을 때, 난다(難陀)·아나율(阿那律) 등과 함께 그를 따라 출가하였다고 한다. 대중의 천거에 의하여 아난다가 20여 년 동안 시자(侍者)를 맡아 가까이서 석가를 모시면서 그의 말을 가장 많이 들었으므로, 다문제일(多聞第一) 아난다로 불렸다. 석가가 80세에 숨을 거둘 때 곁에서 지켜보았으며, 석가가 죽은 후 가섭의 지휘 아래 이루어진 경(經)의 편찬, 즉 결집(結集)에 참가하여 지대한 업적을 남겼는데, 경법(經法)이 후대에 전하는 것은 그의 공이 크다. 선종의 조사(祖師) 계보에서 아난은 가섭을 이어 제2대 조사다.

322) 찰간(刹竿) : 절의 당탑 앞에 세워 두는 긴 장대로, 그 위에 보주(寶珠)가 붙어 있다. 사원에서 설법이 있는 것을 표시하기 위해 세우는 깃발을 건 장대이다. 설법할 때 문 앞에 이것을 세워서 깃발을 건다.

323) 『조당집』 제1권 '제일조대가섭존자(第一祖大迦葉尊者)'에 다음 내용이 나온다 : 아난이 가섭에게 물었다. "부처님의 금란가사(金襴袈裟)를 전한 것 외에 따로 무엇을 전했습니까?" 가섭이 아난을 부르자, 아난이 대답했다. 가섭이 말했다. "문앞의 찰간(刹竿)을 넘어뜨려라."(阿難問師: "傳佛金襴外, 別傳个什摩?" 師喚

140

迦葉因阿難問云："世尊傳金襴袈裟外, 別傳何物?" 葉喚云："阿難!" 難應諾, 葉云："倒卻門前刹竿著."

[군소리]

아난은 부모가 지어 준 이름이니, 아난이 아난이 아닌 줄 알면 된다.

[무문의 말]

만약 여기에서 한마디 알맞은 말을 뚜렷이[324] 할 수 있다면, 곧 영취산의 법회(法會)가 아직 끝나지 않고 엄숙하게 열리고 있음을 볼 것이다.

아직 그렇지 못하다면, 비바시불(毘婆尸佛)[325]이 일찍이 (불법에) 마음을 쏟았으나[326] 지금까지도 묘법(妙法)을 얻지 못한 것이다.

無門曰："若向者裏下得一轉語親切, 便見靈山一會儼然未散. 其或未然, 毘婆尸佛早留心, 直至而今不得妙."

阿難, 阿難應喏. 師曰："倒却門前刹竿著.")

324) 친절(親切)：① 가깝다. ② 뚜렷하다. 분명하다.

325) 비바시불(毗婆尸佛)：불교의 과거 칠불(七佛) 중에서 첫 번째 부처를 말한다. 산스크리트 비파신(Vipaśyin)을 음역하여 비바시불(毘婆尸佛)·비발시(毘鉢尸)·빈바시(頻婆尸)라 하고, 의역하여 승관불(勝觀佛)·정관불(淨觀佛)·변견불(遍見佛)·종종견불(種種見佛)이라 부른다. 석가모니 이전에 나타난 과거칠불 중 비사부불·시기불과 함께 과거 장엄겁(莊嚴劫)의 제998위 부처이다.

326) 유심(留心)：마음을 쏟다. 관심을 가지다.

[군소리]

달을 가리키면 손가락은 잊고 달만 보아라. 달은 언제나 그곳에 있다.

[무문의 송]

물음이 어떠하건 답은 뚜렷한데

몇 사람이나 여기에서 안목이 생길까?[327]

형이 부르고 동생이 대답하며[328] 집안의 허물을 드러내니[329]

사계절[330]에 속하지 않는 특별한 봄인가 보다.[331]

　　頌曰: "問處何如答處親, 幾人於此眼生筋? 兄呼弟應揚家醜, 不屬陰陽別是春."

---

327) 안생근(眼生筋): 안목(眼目)이 생기다. 식견(識見)이 생기다. 보는 눈이 생기다. 안근(眼筋)은 안목, 식견이라는 뜻.

328) 마하가섭이 형이고 아난이 동생이다.

329) 양가추(揚家醜): 집안의 허물을 밖으로 드러내다. 집안에서 일어난 불미스런 일을 밖으로 드러내다. 여기에선 가리킬 수 없고 말할 수 없는 법을 가리키고 말하는 방편을 허물이라고 하였다. 방편은 허물이지만, 방편이라는 허물이 없으면 잠자는 사람을 깨울 수 없다.

330) 음양(陰陽): 봄, 여름, 가을, 겨울의 사계절.

331) 별시춘(別是春): (처음으로 체험하는) 특별한 봄. 별시(別是)는 체험하지 못했던 세계에 처음 접한 때의 감격을 나타내는 말로서 '특별한' '각별한'이라는 뜻. 불법은 당연한 진실인데도 마치 불법이라는 특별한 무엇이 따로 있는 듯이 방편을 드러내기 때문에 하는 말.

[군소리]

병이 있으면 약을 먹어야 하지만, 약을 밥처럼 먹고 살 수는 없다.

[총평]

형이 부르니 동생이 답했는데
부처님이 전한 법이 어디 있는가?
강을 건넜으면 뗏목은 버리고
달을 보았으면 손가락은 잊어라.

제23칙 선도 악도 생각지 마라 不思善惡

[고칙]

육조(六祖)³³²⁾는 명(明) 상좌(上座)가 대유령(大庾嶺)까지 쫓아온 것을 보고는 곧 의발을 바위 위에 던지고 말했다.

"이 옷은 믿음을 표시하는 것이니, 힘으로 다툴 수 있겠습니까? 당신 마음대로³³³⁾ 가져가시오!"

명 상좌가 그것을 들어 올리려 했으나 산처럼 움직이지 않자, 머뭇거리고³³⁴⁾ 두려워 떨면서 말했다.

"저는 법을 구하러 온 것이지, 옷 때문에 온 것이 아닙니다. 바

---

332) 육조혜능(六祖慧能) : 638-713. 중국 선종(禪宗) 제6조. 중국 남해(南海) 신흥(新興; 광동성 조경부 신흥현) 사람. 속성은 노(盧)씨. 어려서 아버지를 여의고, 땔나무를 해서 팔아 어머니를 봉양하였다. 어느 날 장터에서 『금강경』 읽는 것을 듣고서 문득 깨닫고는 출가할 발심을 하였다. 어머니의 허락을 얻어 당나라 함형(咸亨) 연간(670-674)에 소양(韶陽)으로 갔다가, 무진장(無盡藏) 비구니가 『열반경』 읽는 것을 듣고 그 뜻을 알아차리고 해설하였으며, 뒤에 선종 제5조 홍인(弘忍)을 찾아가 제6조로 인정받았다. 676년 남방으로 내려가 15년여를 숨어 지내다가, 마침내 조계(曹溪) 보림사(寶林寺)에서 대법(大法)을 선양하였다. 당(唐) 선천(先天) 2년 8월에 76세를 일기로 입적하였다. 시호는 대감(大鑑). 혜능은 보리달마에 의하여 중국에 전해졌다고 하는 조사선(祖師禪)의 실질적 정립자이며, 그의 행적과 가르침을 기록한 『육조대사법보단경(六祖大師法寶壇經)』은 중국 조사선(祖師禪)의 출현을 알리는 중요한 책이다.

333) 임(任) : ①따르다. 의지하다. ②마음대로. 제멋대로. ③가령 -라 할지라도.

334) 지주(踟躕) : ①머뭇거리다. 주저하다. 망설이다. 배회하다. ②머물다. 숙박하다. ③잠깐. 순간. ④서로 이어진 모양.

라옵건대 행자께서 가르쳐[335] 주십시오."

육조가 말했다.

"선도 생각하지 마시고 악도 생각하지 마십시오. 바로 이러한
[336] 때 무엇이 명상좌의 본래면목(本來面目)[337]입니까?"

명 상좌는 즉각[338] 크게 깨닫고서, 온몸에 땀을 흘리고 눈물을
쏟으며 절을 하고는 물었다.

"이와 같은[339] 비밀한 말과 뜻 이외에 또 다른 뜻이 있습니까?"

육조가 말했다.

"내가 지금 당신에게 말한 것은 비밀이 아닙니다. 당신이 자신
의 본래면목을 돌이켜 본다면, 비밀은 오히려 당신 자신에게 있습
니다."

명 상좌가 말했다.

"제가 비록 황매(黃梅)[340]에서 대중을 따랐으나 아직 자기의 본

---

335) 개시(開示) : 개(開)는 개제(開除; 열다), 어리석은 망상을 부수고 모든 것의 실
      상(實相)을 열어 보이다. 시(示)는 현시(顯示; 나타내 보이다), 번뇌를 부수고 지
      혜를 나타내 보이다. 선지식이 범부를 가르쳐 교화하는 일.

336) 여마(與麼) : 여마(與磨), 여마(與摩), 임마(恁麼)라고도 쓴다. 문어(文語)의 여시
      (如是), 여차(如此)와 같은 뜻이다.

337) 본래면목(本來面目) : 본래 타고난 얼굴. 본래 타고난 모습. 본래 타고난 본성.

338) 당하(當下) : 즉각. 바로. 그 자리에서.

339) 상래(上來) : 이상(以上).

340) 황매(黃梅) : 중국 호북성(湖北省) 동남(東南)에 있는 지명(地名). 중국 당나라
      때의 오조홍인(五祖弘忍)을 가리키기도 함. 중국 선종(禪宗)의 제5조인 홍인은
      황매의 동북쪽 30리에 있는 동산(東山; 빙무산(憑茂山))의 진혜사(眞惠寺)에 살
      았기 때문에 그렇게 부름. 또한 오조홍인의 교단을 동산법문(東山法門)이라고

래면목을 깨닫지 못했는데, 이제 들어갈 곳을 가르쳐 주시니 마치 사람이 물을 마셔서 차고 따스함을 스스로 아는 것과 같습니다. 이제 행자께서 바로 저의 스승이십니다."

육조가 말했다.

"당신이 그와 같다면, 나와 당신은 함께 황매를 스승으로 모신 것입니다. 스스로 잘 보호하여 지니시기[341] 바랍니다."[342]

六祖因明上座趁至大庾嶺, 祖見明至, 卽擲衣鉢於石上云: "此衣表信, 可力爭耶? 任君將去." 明遂擧之, 如山不動, 踟躕悚慄, 明曰: "我來求法, 非爲衣也. 願行者開示." 祖云: "不思善不思惡. 正與麼時, 那箇是明上座本來面目?" 明當下大悟, 遍體汗流, 泣淚作禮, 問曰: "上來密語密意外, 還更有意旨否?" 祖曰: "我今爲汝說者, 卽非密也. 汝若返照自己面目, 密卻在汝邊." 明云: "某甲雖在黃梅隨衆, 實未省自己面目. 今蒙指授入處, 如人飮水冷暖自知. 今行者卽是某甲師也." 祖云: "汝若如是, 則吾與汝同師黃梅. 善自護持."

[군소리]

생각하지 않고 생각하면 된다. 단, 저절로 그렇게 되어야 한다.

도 한다. 육조혜능(六祖慧能)은 황매의 남쪽에 있는 동선사(東禪寺)에서 오조에게 의발(衣鉢)을 전해 받았다.

341) 호지(護持): 보호하여 지니다.

342) 『육조단경』에 나오는 내용.

[무문의 말]

육조는 급한 일이 생긴 집안에서 염려하는 마음[343]이 간절했던 할머니와 같다고 하겠다.

비유하면, 새로 딴 과일[344]을 껍질도 벗기고 씨도 빼서 그대 입 안에 넣어 주고는, 다만 그대가 한입에 삼키기를 요구하는 것과 같다.

無門日："六祖可謂, 是事出急家, 老婆心切. 譬如新荔支, 剝了殼去了核, 送在爾口裏, 只要爾嚥一嚥."

[군소리]

육조는 다만 명 상좌의 눈길이 달로 향하도록 머리를 붙잡고 돌렸을 뿐이다.

[무문의 송]

베껴 그릴 수도 없고 그려 보일 수도 없고

---

343) 노파심(老婆心) : 할머니가 손자를 생각하듯이, 지나칠 정도로 남의 일을 걱정하는 마음.

344) 여지(荔枝) : 무환자나뭇과에 속한 상록 교목. 잎은 어긋나고 깃꼴 겹잎이며, 꽃은 잡성화로 연한 황록색의 양성화. 단성화가 피며, 열매는 둥글고 돌기가 있으며, 껍질을 까서 먹는다. 주로 중국 남부 원산으로 과수(果樹)로 재배한다. 키는 10~15미터다.

찬양할 수도 없으니 괜한 고생[345] 그만두게.
본래면목은 간직해 둘 곳이 없으니
세계가 무너질 때도 그놈은 썩지 않는다네.

頌曰:"描不成兮畫不就, 贊不及兮休生受. 本來面目沒處藏, 世界壞時渠不朽."

[군소리]
언제나 어디에나 나타나 있으나, 볼 수도 들을 수도 느낄 수도 알 수도 없다.

[총평]
선도 생각하지 말고 악도 생각하지 마라
과일의 알맹이를 입에 넣어 주는 게 아니라,
강철로 만든 과일을 통째로 입에 넣어 주어
곧장 씹어 먹으라고 요구하는 것이다.

---

345) 생수(生受) : ①고생. 수고. ②곤란. 힘듦. 어려움. 수월하지 않음. ③즐기다. 누리다.

제24칙 언어를 벗어나라 離卻語言

[고칙]

풍혈(風穴)[346] 화상에게 어떤 승려가 물었다.

"말과 침묵은 들어가고 나옴[347]에 관계하니, 어떻게 통해야 어

---

346) 풍혈연소(風穴延沼) : 896–973. 송대(宋) 스님. 임제종. 풍혈은 주석한 절 이름. 속성은 유(劉)씨. 항주(杭州) 출신. 진사(進士) 시험에 실패한 뒤 개원사(開元寺)에서 출가함. 지공(智恭)에게 삭발 수계하여 천태(天台)를 수학하다가 경청도부(鏡清道怤)·남원혜옹(南院慧顒) 등에게 참학한 후 남원의 법을 이어받고 여주(汝州)에서 풍혈사(風穴寺)를 개당하자 학승들이 운집함으로써 임제의 현(臨濟義玄)의 종풍이 더욱 성해짐. 세수 78세로 입적.

347) 이미(離微) : 『경덕전등록』 제13권 '여주풍혈연소선사(汝州風穴延沼禪師)'에 다음과 같은 이미(離微)의 설명이 나온다 : 조법사(肇法師)의 『보장론(寶藏論)』「이미체정품(離微體淨品)」에서 말한다 : '그 들어감은 이(離)이고, 그 나옴은 미(微)이다. 들어가는 이(離)를 알면 바깥 경계에 의지함이 없고, 나오는 미(微)를 알면 안의 마음에 할 일이 없다. 안의 마음에 할 일이 없으면 모든 견해가 바뀔 수 없고, 바깥 경계에 의지함이 없으면 삼라만상이 살아 움직일 수 없다. 삼라만상이 살아 움직일 수 없으면 생각이 달려나가지 않고, 모든 견해가 바뀔 수 없으면 고요히 사라져서 헤아림이 없다. 그러므로 본래 깨끗한 바탕은 이미(離微)라고 할 수 있는 것이다. 들어감에 의지하는 까닭에 이(離)라 부르고, 붙잡아 쓰는 까닭에 미(微)라 부른다. 이 둘이 뒤섞여 하나가 되면, 이(離)도 없고 미(微)도 없다. 바탕이 깨끗하여 더럽힐 수 없고, 더러움이 없기 때문에 깨끗함도 없다. 바탕이 미(微)하면 있을 수 없고, 있음이 없기 때문에 없음도 없다.'(肇法師『寶藏論』「離微體淨品」云 : '其入離其出微. 知入離 外塵無所依, 知出微 內心無所爲. 內心無所爲 諸見不能移, 外塵無所依 萬有不能機. 萬有不能機 想慮不乘馳, 諸見不能移 寂滅不思議. 可謂本淨體離微也. 據入故名離, 約用故名微. 混而爲一, 無離無微. 體淨不可染, 無染故無淨. 體微不可有, 無有故無無.')

긋나지 않겠습니까?"

풍혈이 말했다.

"강남(江南)³⁴⁸⁾의 3월을 늘 기억하는데, 자고(鷓鴣)³⁴⁹⁾ 지저귀는 곳에 온갖 꽃이 향기롭다."³⁵⁰⁾

風穴和尙因僧問:"語默涉離微, 如何通不犯?"穴云:"長憶江南三月裏, 鷓鴣啼處百花香."

[군소리]

밝은 대낮에 두 눈을 활짝 뜨고서 해가 언제 뜨느냐고 물으면, 어떻게 답해야 할까?

[무문의 말]

풍혈의 솜씨³⁵¹⁾는 번개 같이 재빨라서³⁵²⁾ 길을 찾으면 곧장 가

---

348) 강남(江南) : 양자강(揚子江) 이남 지방.

349) 자고(鷓鴣) : 꿩과에 소속된 메추라기 비슷하게 생긴 새. 봄에 날씨가 따뜻하면 나타나 운다.

350) 『천성광등록』 제15권 '여주풍혈산연소선사(汝州風穴山延昭禪師)'에 나오는 대화. 단 『천성광등록』에는 "강남의 3월을 항상 생각하는데, 자고새 우는 곳에 온갖 꽃이 피어 있다."(長憶江南三月裡, 鷓鴣啼處百花開.)라고 되어 있다.

351) 기(機) : ①기관(機關). ②기틀. ③작용. ④재치. ⑤소질. 자질. ⑤계책. 계략. ⑤심정. 생각.

352) 체전(掣電) : 번갯불이 번쩍하는 순간. 찰나. 전광석화(電光石火).

150

니, 어찌 앞 사람이 입을 열지 못하게 하지[353) 못하랴?

만약 여기에서 분명하게 볼 수 있다면, 모든 속박에서 빠져나올 길이[353) 저절로 있을 것이다.[354)

길[354)이 저절로 있을 것이다.[355)

이제 언어의 세계[356)를 떠나서 한마디 말해 보라.[357)

無門曰: "風穴機如掣電, 得路便行, 爭奈坐前人舌頭不斷? 若向者裏見得親切, 自有出身之路. 且離卻語言三昧, 道將一句來."
358)

[군소리]

보지 않으면서 보고 의식하지 않으면서 알면 된다.

[무문의 송]

---

353) 좌단설두(坐斷舌頭) : 혀를 꺾다. 입을 다물게 만들다. 좌단(坐斷)은 좌단(挫斷), 좌단(剉斷)이라고도 쓰며, '꺾다, 꺾어 끊다, 쪼개다, 거꾸러뜨리다'는 뜻.

354) 출신지로(出身之路) : 자신을 모든 속박에서 빼낼 길. 모든 격식과 구속에서 빠져나오는 길.

355) 자유(自有) : 저절로 ―이 있다. 자연히 ―이 있다. 응당 ―이 있다.

356) 어언삼매(語言三昧) : 언어(言語) 속에 푹 빠져 있음. 언어 속에 사로잡혀 있음. 언어의 세계.

357) 도장일구래(道將一句來) : 한마디 말해 보라.

358) 풍골(風骨) : ①강하여 굽히지 않는 기개(氣槪). 올곧은 기개. ②(시, 문장, 그림 등의) 웅건하고 힘 있는 품격. ③인품. 성격. ④고전문학의 이론 용어. 정직한 언어와 빼어난 의기(意氣)가 하나로 뭉쳐서 시문(詩文)이 된다는 뜻.

품격358)있는 구절을 드러내지 않아도 359)

말하기 전에 벌써 전해 주었네. 360)

앞으로 다가와 주절주절361) 입을 연다면362)

그대가 어쩔 줄 모름363)을 알겠네.

頌曰: "不露風骨句, 未語先分付. 進步口喃喃, 知君大罔措."

[군소리]

흙덩이를 쫓아가는 강아지가 되지 말고, 돌아서 사람을 무는 사자가 되어라.

[총평]

묻는 자는 중생 노릇을 하고

답하는 자는 부처 노릇을 하여

한바탕 멋진 장면을 연출하였으나

비웃는 눈길의 구경꾼도 있느니라.

---

359) 알맞은 방편의 말을 하지 않아도.

360) 분부(分付) : ①맡기다. 당부하다. ②주다. 공급하다.

361) 남남(喃喃) : 재잘재잘 (말하다).

362) 여전히 말을 따라 분별한다면.

363) 망조(罔措) : 손을 댈 곳이 없다. 손쓸 수가 없다. 어쩔 수 없다. 어쩔 줄 모른다.

제25칙 셋째 자리의 설법 三座說法

[고칙]

앙산(仰山) 화상은 꿈속에서 미륵(彌勒)이 계신 곳에 가서 세 번째 자리에 앉게 되었다. 어떤 존자가 백추(白槌)[364]하고서 말했다.

"오늘은 세 번째 자리에 앉은 분이 법을 말하겠습니다."

앙산이 이에 일어나 백추하고 말했다.

"대승(大乘)[365]의 법은 사구(四句)를 떠나고 백비(百非)[366]를 끊습

---

364) 백추(白槌) : 백추(白椎)라고도 한다. 『조정사원(祖庭事苑)』에 다음과 같은 설명이 있다 : 세존(世尊)의 율의(律儀)에 의하면, 설법(說法)을 하고자 할 때는 반드시 먼저 대중에게 알리는 말을 하여 대중을 경건하고 엄숙하게 만드는 법을 행하였다. 오늘날 선종(禪宗)에서는 법을 아는 존숙(尊宿)에게 그 소임(所任)을 맡겨서, 장로(長老)가 법좌에 앉자마자 말하기를 "법회에 모인 여러 스님네들이여, 마땅히 제일의제(第一義諦)를 보아야 합니다."라고 한다. 장로가 대중의 역량을 살펴서 행하는 법회(法會)에서의 문답(問答)이 끝나면, 소임을 맡은 존숙은 다시 알려서 말하기를 "법왕(法王)의 법을 잘 보십시오. 법왕의 법은 이렇습니다."라고 말한다. 이것이 대체로 앞선 분들의 참된 규범(規範)이니, 모두 부처님의 뜻을 잃지 않고 있다.(世尊律儀, 欲辨佛事, 必先秉白, 爲穆衆之法也. 今宗門白椎, 必命知法尊宿以當其任, 長老才據座已, 而秉白云: "法筵龍象衆, 當觀第一義." 長老觀機, 法會酬唱旣終, 復秉白曰: "諦觀法王法, 法王法如是." 此蓋先德之眞規, 皆不失佛意.)

365) 마하연(摩訶衍) : mahā-yāna의 음역. 대승(大乘)이라 번역.

366) 사구백비(四句百非) : 사구분별(四句分別)과 백비(百非)를 말하는 것으로, 분별의 모든 양식을 가리킨다. 사구분별이란, ①「A다」②「非A다」③「A이고 또 非A다」④「A도 아니고 非A도 아니다」의 4가지다. 백비(百非)는 일(一)·이(異)·유

니다. 잘 들으시오! 잘 들으시오!"367)

仰山和尙, 夢見往彌勒所, 安第三座. 有一尊者, 白槌云: "今日當第三座
說法." 山乃起, 白槌云: "摩訶衍法, 離四句絕百非. 諦聽諦聽."

(有)·무(無)의 각각에 사구분별을 적용하여 16가지가 되고, 이것을 과거·현
재·미래의 3세(世)에 적용하여 48가지가 되며, 여기에 이기(已起)와 미기(未
起)를 적용하여 96가지가 되는데, 여기에 애초의 일(一)·이(異)·유(有)·무
(無)를 더하여 100가지 논리적 표현으로 만든 것이다. 그러나 "진제(眞諦)는 사
구백비(四句百非)를 넘어선다."(『대승현론(大乘玄論)』 권일(卷一))고 하여, 진리
는 어떤 문장으로도 표현할 수 없음을 말하고 있어서, 사구백비를 말하는 의의
가 바로 여기에 있음을 알 수 있다. 사구와 백비를 떠난다는 것은 존재의 본질
을 언어로 설명함에 아무리 철저히 하여도 온전히 설명할 수는 없다는 것을 말
한다.

367) 곽응지(郭凝之)가 편집한 『원주앙산혜적선사어록(袁州仰山慧寂禪師語錄)』에 다
음 내용이 있다 : 앙산이 누워 있다가 잠이 들었는데, 꿈속에 도솔천에 있는 미
륵(彌勒)의 내원(內院)에 들어갔다. 여러 법당 가운데 각각의 자리는 모두 채워
졌는데, 오직 두 번째 자리만 비어 있었다. 앙산이 그 자리에 나아가니 어떤 존
자(尊者)가 백추(白槌)를 하고서 말했다. "오늘은 두 번째 자리가 설법해야 합니
다." 앙산은 일어나 백추하고서 말했다. "대승(大乘)의 법은 사구(四句)를 벗어
나고 백비(百非)를 끊습니다. 잘 들으시오. 잘 들으시오." 대중이 모두 흩어졌
다. 잠이 깨어 위산(潙山)에게 꿈 이야기를 하니, 위산이 말했다. "그대는 이미
성인(聖人)의 지위에 들어갔구나." 앙산이 곧 절을 하였다.(師臥次, 夢入彌勒內
院, 衆堂中, 諸位皆足, 惟第二位空. 師遂就座, 有一尊者, 白槌云: "今當第二座
說法." 師起, 白槌云: "摩訶衍法, 離四句絕百非. 諦聽諦聽." 衆皆散去. 及覺擧似
潙山, 潙山云: "子已入聖位." 師便禮拜.)

[군소리]

꿈속에서 다시 꿈꾼 이야기를 꿈속에서 말하고 있구나.

[무문의 말]

묻는다.

이것은 법을 말한 것인가? 법을 말하지 않은 것인가?

입을 열면 바로 잃고, 입을 닫아도 역시 잃는다.

입을 열지도 닫지도 않으면, 십만 팔천 리[368]나 어긋났다.

無門曰："且道. 是說法不說法? 開口卽失, 閉口又喪. 不開不閉, 十萬
八千."

[군소리]

법이라는 말을 입에 올리자마자 이미 꿈이다.

[무문의 송]

구름 한 점 없는 맑은 대낮에

꿈속에서 꿈을 이야기하네.

괴상한 짓을 하고[369] 또 하여

---

368) 십만팔천(十萬八千) : =십만팔천리(十萬八千里). 매우 먼 거리. 매우 먼 차이.
369) 날괴(捏怪) : 괴상한 짓을 하다.

한 무리 사람들을 모두 속이는구나![370]

頌曰: "白日靑天, 夢中說夢. 捏怪捏怪, 誑諕一衆."

[군소리]

약을 쓰려면 최소한으로 써야 하고, 사람을 죽이려면 모르는 사이에 죽여야 한다.

[총평]

꿈속에서 걸림 없이 법을 말하니
꿈속의 사람이 전부 꿈을 깨어나네.
깨어 있는 이가 도리어 꿈속에 있으니
꿈속에서 다시 꿈 이야기를 하는구나.

---

370) 광호(誑諕) : 속이다. 기만하다.

제26칙 두 승려가 발을 말다 二僧卷簾

[고칙]

청량대법안(淸凉大法眼)[371]에게 승려들이 공양 전에 설법을 들으러 왔기에 법안은 손으로 발을 가리켰다. 그때 두 승려가 함께 가서 발을 말아 올렸는데, 법안이 말했다.

"한 사람은 얻었고, 한 사람은 잃었다."[372]

淸凉大法眼, 因僧齋前上參, 眼以手指簾. 時有二僧, 同去卷簾, 眼曰:

---

371) 법안문익(法眼文益) : 885-958. 당말오대(唐末五代) 때 스님으로 법안종의 개조(開祖)이다. 속성은 노(魯)씨이고, 여항(余杭, 浙江省) 출신이다. 일곱 살 때 전위(全偉) 선사에게 귀의하여 삭발하였고, 월주(越州) 개원사(開元寺)에서 구족계를 받았다. 장경혜릉(長慶慧稜)에게 참학한 후, 나한계침(羅漢桂琛)에게 가서 수년 동안 배우면서 그의 법을 이어받았다. 숭수원(崇壽院)·보은원(報恩院)·청량사(淸凉寺) 등에 머물렀으며, 선교불이(禪敎不二)의 입장을 주장한 법안종의 개조가 되었다. 후주(後周) 현덕(顯德) 5년(968)에 목욕 재계하고 대중에게 고한 다음, 결가부좌한 채 입적하였다. 당시의 나이 일흔넷, 법랍이 쉰넷이었다. 저서로는 『종문십규론(宗門十規論)』과 어록이 있다. 시호는 '대법안선사(大法眼禪師)'이고, 탑호는 무상(無相)이다. 법안종은 문익의 제자인 천태덕소(天台德韶)의 제자 영명연수(永明延壽; 904-975)에 의해 크게 발달하였다.

372) 곽응지(郭凝之)가 편집한 『금릉청량원문익선사어록(金陵淸凉院文益禪師語錄)』에 다음 대화가 있다 : 승려들이 찾아와 뵈었을 때 법안은 손으로 발을 가리켰다. 잠시 뒤에 두 승려가 식사를 마치고 발을 걷어 올렸다. 법안이 말했다. "한 사람은 얻었고, 한 사람은 잃었다."(因僧來參次, 師以手指簾. 尋有二僧, 齊去捲簾. 師云: "一得一失.")

"一得一失."

[군소리]

하나의 동작, 하나의 말, 하나의 생각이 언제나 참될 수도 있고 헛될 수도 있는데, 참되냐 헛되냐는 오직 스스로에게 달렸다.

[무문의 말]

묻는다.

누가 얻었고, 누가 잃었는가?

만약 여기에서 바른 안목으로 바라본다면,[373] 바로 청량국사가 실패한[374] 곳을 알 것이다.

그러나 비록 그렇더라도, 결코 얻고 잃음 속에서 얻었는지 잃었는지를 헤아리지는[375] 마라.

無門曰: "且道. 是誰得誰失? 若向者裏, 著得一隻眼, 便知淸凉國師敗闕處. 然雖如是, 切忌向得失裏商量."

---

373) 착득일척안(著得一隻眼) : 바른 안목으로 바라보다. 일척안(一隻眼)은 둘로 보는 육안(肉眼)이 아닌 둘 아닌 불법(佛法)을 보는 유일한 눈으로서 법을 보는 바른 안목(眼目)을 가리키는데, 정문안(頂門眼), 정안(正眼), 활안(活眼), 명안(明眼) 등과 같은 말. 착안(著眼)은 눈을 들어 바라보다, 눈길을 보내다는 뜻.

374) 패궐(敗闕) : 손해보다. 실패하다. 좌절하다. 꺾이다.

375) 상량(商量) : 시장에서 물건을 사고팔 때 저울로 달아 그 값을 따져 헤아리는 것을 말한다. 따지다. 상의하다. 의논하다. 상담하다. 이해하다. 값을 흥정하다. 값을 따지다. 값을 매기다. 헤아리다.

[군소리]

어린아이에게 결혼생활의 어려움을 말한들 무슨 소용이 있으랴?
그렇지만 어린아이가 그 말을 이해하지 못한다고 하여 내가 더 뛰어
나다고 자부한다면 바보다.

[무문의 송]

말아 올리니 허공을 또렷이 밝혔지만[376]
허공도 도리어 우리 종지(宗旨)에는 알맞지 않다.
어찌[377] 허공에서[378] 모두 내려놓고[379] 딱 들어맞아
바람 한 점 통할 틈도 없음만 하겠는가?

頌曰: "卷起明明徹太空, 太空猶未合吾宗. 爭似從空都放下, 綿綿密密
不通風?"

[군소리]

산은 산이 아니고 물은 물이 아닌 줄 알면 감옥에서 빠져나온
것 같겠지만, 산은 산이고 물은 물인 줄 다시 알아야 죽었던 사람

---

376) 명철(明徹) : 밝다. 분명하다. 뚜렷하다.
377) 쟁사(爭似) : 어찌 —와 같으랴?
378) 종(從) : ①=향(向). —을. —을 따라. —로부터. 개사(介詞). ②=재(在). 우(于). —
　　　에서. —에 대하여. 개사(介詞). ③=임(任). 임종(任從). 제멋대로 하게 놓아두
　　　다. 자유에 맡기다. ④— 때문에. —에 의하여.
379) 방하(放下) : ①내려놓다. ②내버리다.

159

이 다시 살아난 것과 같으리라.

[총평]

자기의 죄를 남에게 뒤집어씌웠으니
국사는 매우 악독한 사람 같으나,
그 난국에서 살아 나오기만 하면
국사의 큰 은혜를 비로소 알 것이다.

제27칙 마음도 부처도 아니다 不是心佛

[고칙]

남전(南泉) 화상에게 어떤 승려가 물었다.

"사람들에게 말씀하시지 않은 법이 있습니까?"

남전이 말했다.

"있다."

승려가 물었다.

"어떤 것이 사람들에게 말씀하시지 않은 법입니까?"

남전이 말했다.

"마음도 아니고, 부처도 아니고, 물건도 아니다."[380]

---

380) 『원오불과선사어록(圓悟佛果禪師語錄)』 제18권에 다음과 같은 이야기가 있다
: 남전(南泉)이 백장열반(百丈涅槃) 화상을 찾아뵙자 백장이 물었다. "예로부터
성인들께서 사람들에게 말씀하시지 않은 법이 있는가?" 남전이 말했다. "있습
니다." 백장이 말했다. "어떤 것이 사람들에게 말해 주지 않은 법인가?" 남전이
말했다. "마음도 아니고, 부처도 아니고, 물건도 아닙니다." 백장이 물었다. "다
말했는가?" 남전이 말했다. "저는 이와 같습니다만, 스님께서는 어떠하신지
요?" 백장이 말했다. "나는 선지식이 아닌데, 어찌 말하거나 말하지 않은 것을
알겠는가?" 남전이 말했다. "저는 알지 못하겠습니다." 백장이 말했다. "나는
그대에게 충분히 말해 주었다."(南泉參百丈涅槃和尚, 丈問: "從上諸聖, 還有不
爲人說底法麼?" 泉云: "有." 丈云: "作麼生是不爲人說底法?" 泉云: "不是心, 不
是佛, 不是物." 丈云: "說了也?" 泉云: "普願只恁麼, 未審和尚如何?" 丈云: "我
又不是善知識, 爭知有說不說?" 泉云: "普願不會." 丈云: "我太殺爲爾說了也.")
『불과원오선사벽암록(佛果圜悟禪師碧巖錄)』 제3권에 나오는 제28칙 공안(公案)

南泉和尙, 因僧問云: "還有不與人說底法麼?" 泉云: "有." 僧云: "如何是不與人說底法?" 泉云: "不是心, 不是佛, 不是物."

[군소리]

말하지 않고 숨겨 놓은 법이 그것이라면, 결석한 놈의 이름을 부르며 대답하라는 격이다.

[무문의 말]

남전은 이 하나의 질문을 받고서 집안의 가재도구[381]를 빠짐없이 헤아리게 되었으니,[382] 시끄럽기 짝이 없구나.[383]

無門曰: "南泉被者一問, 直得揣盡家私, 郎當不少."

[군소리]

이 이 이야기다. 또 『굉지선사광록(宏智禪師廣錄)』 제1권 「진주장려숭복선원어록(眞州長蘆崇福禪院語錄)」에도 이 이야기가 인용되어 있다. 그 이외의 문헌에서는 이 이야기를 찾을 수 없다. 백장열반(百丈涅槃) 화상은 『경덕전등록』에 의하면 백장유정(百丈惟政) 선사다. 백장유정 선사는 마조도일(馬祖道一)의 제자로서 남전보원(南泉普願)의 사형(師兄)에 해당한다.

381) 가사(家私): ①집안의 일, 개인적인 일을 가리킴. ②집안에서 쓰는 물건. 가재도구.

382) 직득(直得): -한 결과를 낳다. -하게 되다.

383) 낭당불소(郎當不少): ①매우 꾸물거리다. ②군소리가 많다. 자꾸 시끄럽게 말하다. 말이 번잡하고 요지를 잡을 수 없다.

162

본래 가재도구가 없는데 무엇을 헤아리겠는가?

[무문의 송]
지나친 정성[384]은 그대의 덕을 손상시키나니
말 없음이야말로 참된 공덕이 있는 것이로다.
설사 푸른 바다가 변할지라도[385]
끝내 그대에게 알려 주지[386] 않겠네.

頌曰: "叮嚀損君德, 無言眞有功. 任從滄海變, 終不爲君通."

[군소리]
말할 수 없다고 말하지 않으면 영영 알려 줄 수 없지만, 억지로라도 말해야 당장은 알아듣지 못하더라도 언젠가 알아들을 가능성이 있다.

[총평]
부처와 조사가 아무리 말하려 해도
결코 말할 수 없는 것이 있으니,

---

384) 정녕(叮嚀): 정성스럽다. 따스하고 빈틈없다. 꼼꼼하다. 세심하다.
385) 임종(任從): ①제멋대로 하게 하다. 자유에 맡기다. ②−일지라도. −하더라도. −하여도.
386) 통(通): 알리다. 말해 주다.

그것은 부처 조사에게 있는 게 아니라
바로 그대에게 있기 때문이다.

제28칙 용담을 오래 흠모함[387] 久響龍潭

[고칙]

용담(龍潭)[388]에게 덕산(德山)[389]이 거듭 가르침을 청하다가[390] 밤이 되었는데 용담이 말했다.

"밤이 깊었으니 그대는 그만 내려가는 것이 어떤가?"

덕산이 드디어 인사를 드리고[391] 발을 걷어 올리고 나갔는데, 밖이 칠흑같이 어두운 것을 보고는 되돌아와 말했다.

"밖이 캄캄합니다."

용담이 이에 초[392]에 불을 붙여 덕산에게 건네주었다. 덕산이 막 받으려고 하는데, 용담은 갑자기 촛불을 입으로 불어서 꺼 버렸다. 덕산은 여기에서 문득 느낀 바가 있었다. 덕산이 곧 절을 올

---

387) 구향(久響) : =구향(久嚮). 오래도록 흠모하였다. 오래도록 만나뵙고 싶어하였다. 처음 만나서 하는 인삿말.

388) 용담숭신(龍潭崇信) : 당대(唐代) 사람. 천황도오(天皇道悟)에게 출가하여 현지(玄旨)를 깨달았다. 뒤에 풍주(澧州; 湖南省) 용담(龍潭)에 암자를 지었다. 문하에서 덕산선감(德山宣鑑)을 배출하였다.

389) 덕산선감(德山宣鑑).

390) 청익(請益) : 가르침을 받고서 모르는 부분에 대하여 거듭 질문하는 것. =입실청익(入室請益).

391) 진중(珍重) : 헤어질 때의 인사말. "안녕히 (계셔요, 가셔요)!" 진중(珍重)의 본래 뜻은 큰일을 위하여 자신을 소중히 여기라는 것.

392) 지촉(紙燭) : 기름을 묻힌 지승(紙繩). 불을 붙여 등불처럼 빛을 내는 도구로 쓴다.

리자, 용담이 물었다.

"그대는 어떤 도리(道理)를 보았는가?"

덕산이 말했다.

"저는 오늘 이후로는 천하 노스님들의 말씀을 의심하지 않을 것입니다."

다음 날 용담이 법당에 올라 말하였다.

"이 속에[393] 한 사나이가 있는데, 이빨은 맹수의 날카롭고 빽빽한 이빨 같고, 입은 맹수의 시뻘겋게 딱 벌린 아가리[394] 같으며, 한 방망이 때려도 돌아보지 않는다. 뒷날[395] 외로운 봉우리의 꼭대기[396]에서 우리의 도(道)[397]를 세울 것이다."

덕산은 마침내 법당 앞에 소초(疏抄)[398]를 가져다 놓고 횃불 하나를 들고서 말했다.

"온갖 현묘한 말솜씨[399]를 다 동원하더라도 털끝 하나를 커다란 허공에 두는 것과 같고, 세상의 흥망성쇠를 좌우할 중요한 일

---

393) 가중(可中) : ①그 속. 이 속. =기중(其中), 차중(此中). ②만일. 만약. =약(若).

394) 혈분(血盆) : 시뻘겋게 딱 벌린 입. 맹수(猛獸)의 쩍 벌어진 아가리.

395) 타시이일(他時異日) : ①과거의 어느 날. ②미래의 어느 날.

396) 고봉정상(孤峰頂上) : 외로운 봉우리의 꼭대기 위. 세간을 벗어난 해탈의 세계를 가리킴.

397) 오도(吾道) : 나의 도. 우리의 도. 선종(禪宗)의 종지(宗旨)를 가리킴.

398) 소초(疏抄) : =소초(疏鈔). 소(疏)는 주(註)에 다시 붙인 주석(註釋), 초(抄)는 베껴 쓴 원고 혹은 중요한 내용만 간추려 베껴 쓴 요약문.

399) 『연등회요』나 『오등회원』에는 '玄辨'이 '玄辯'으로 되어 있다. 여기에서는 '현묘한 말솜씨'로 번역한다.

이라고 하더라도 물 한 방울을 거대한 골짜기에 떨어뜨리는 것과 같다."

곧장 소초를 불태우고는 작별의 절을 하였다.[400]

龍潭因德山請益抵夜, 潭云: "夜深, 子何不下去?" 山遂珍重, 揭簾而出, 見外面黑, 卻回云: "外面黑." 潭乃點紙燭度與. 山擬接, 潭便吹滅. 山於此忽然有省. 便作禮, 潭云: "子見箇甚麼道理?" 山云: "某甲從今日去, 不疑天下老和尚舌頭也." 至明日龍潭陞堂云: "可中有箇漢, 牙如劍樹, 口似血盆, 一棒打不回頭. 他時異日, 向孤峰頂上, 立吾道在." 山遂取疏抄, 於法堂前, 將一炬火, 提起云: "窮諸玄辨, 若一毫致於太虛, 竭世樞機, 似一滴投於巨壑." 將疏抄便燒, 於是禮辭.

[군소리]

남의 주머니에 있는 돈만 헤아리다가 자기 주머니에도 돈이 있음을 알았으니, 어찌 크게 안도하지 않겠는가? 이제 세상에서 부러울 것이 없는 것처럼 큰소리치겠지만, 아직은 그 돈이 얼마인지는 모르고 있다.

---

400) 『연등회요』 제20권 '정주덕산선감선사(鼎州德山宣鑑禪師)' 및 『오등회원』 제7권 '정주덕산선감선사(鼎州德山宣鑒禪師)'에 이 내용이 나온다. 『경덕전등록』 제15권 '낭주덕산선감선사(朗州德山宣鑒禪師)'에도 동일한 이야기가 나오지만, 전체 내용에 조금 차이가 있다.

[무문의 말]

덕산이 아직 촉관(蜀關)[401]을 벗어나지 않았을 때 마음이 분노에 가득 차[402] 입으로 말도 제대로 못할 지경이었기에,[403] 일부러[404] 남방에 가서 교외별전(敎外別傳)[405]의 종지(宗旨)를 없애 버리려고 하였다.

풍주(灃州)의 길에 이르러 노파에게 점심(點心)[406]을 사려고 묻자, 노파가 말했다.

"스님,[407] 수레 속에 있는 것은 무슨 책입니까?"

덕산이 말했다.

"금강경(金剛經) 소초입니다."

노파가 물었다.

"그렇다면, 금강경에서 '과거의 마음도 얻을 수 없고, 현재의 마음도 얻을 수 없고, 미래의 마음도 얻을 수 없다.'고 하였는데, 스

---

401) 촉관(蜀關) : 덕산은 촉(蜀) 지방 즉 사천성(四川省)에서 금강경(金剛經)을 강의하고 있었다.

402) 분분(憤憤) : 매우 화가 난 모양. 몹시 분개하는 모양. =분분(忿忿).

403) 비비(悱悱) : 마음속으로는 알고 있으면서도 말로써 표현해 내지 못하는 모양.

404) 득득(得得) : 특히. 일부러.

405) 교외별전(敎外別傳) : 선종(禪宗)에서는 교(敎)는 부처의 언설(言說)이고 선(禪)은 부처의 마음이라 하며, 선(禪)은 교(敎)의 밖에서 따로 마음에서 마음으로, 이심전심(以心傳心)으로 전한다고 한다.

406) 점심(點心) : ①아주 조금 먹다. ②간식. 정찬(正餐)이 아닌 약식의 식사. ③점심 식사.

407) 대덕(大德) : 승려를 높여 부르는 경칭(敬稱).

님은 어느 마음에 점을 찍으려고 하십니까?"

덕산은 이 하나의 질문을 받고서[408] 말문이 콱 막혔다.[409]

비록 그러하였으나 노파의 말을 듣고서 기꺼이 죽어 버리지 못하고, 드디어 노파에게 물었다.

"근처에 어떤 종사(宗師)[410]가 계십니까?"

노파가 말했다.

"5리 밖에 용담 화상이 계십니다."[411]

용담에 도착하여 완전히 좌절하였으니,[412] 앞에 한 말과 뒤에 한 말이 서로 들어맞지 않게 되었다 하겠다.

용담은 부모가 자기 아이만 귀여워하다가 자신도 모르는 사이

---

408) 직득(直得) : -하여 -되다. -한 탓으로 -하다. -하기 때문에 -하게 되다. (주로 부정적 결과에 도달함을 나타냄.) -한 결과를 낳다. -하게 되다.

409) 구사변첨(口似匾檐) : 입을 꽉 다물고 말이 없다. =구사편담(口似扁擔).

410) 종사(宗師) : 일반적으로 종지를 체득하여 만인의 사범(師範)이 될 만한, 학덕 (學德)을 겸비한 고승을 의미한다. 이에 더하여 경・율・논 삼장을 닦아 체득한 자를 법사(法師)・율사(律師)・논사(論師) 등으로 칭하는 것에 대해, 선문(禪門) 의 종지를 체득한 사람을 종사(宗師), 종사가(宗師家), 종장(宗匠)이라고 하기도 한다.

411) 덕산이 떡 파는 노파에게 질문을 받은 이야기는 『조당집』과 『경덕전등록』에는 등장하지 않고, 『연등회요』 제20권 '정주덕산선감선사(鼎州德山宣鑑禪師)'에 처음 등장하며, 『오등회원』에서 그대로 답습하고 있다.

412) 납패궐(納敗闕) : =납패(納敗), 납패결(納敗缺). 손해보다. 실패하다. 좌절하다. 꺾이다. 패하다. 쓴맛을 보다.

413) 연아불각추(憐兒不覺醜) : 자기 아이만 귀여워하다가 자신도 모르는 사이에 남에게 폐를 끼친다.

에 남에게 폐를 끼치게 되는[413] 것처럼,[414] 그에게 조그마한[415] 불씨가 있는 것을 보고는 황급히[416] 더러운 물[417]을 갑자기[418] 확 끼얹어서[419] 불씨를 푹 적셔 버렸으니,[420] 냉정하게[421] 보면[422] 한 바탕 웃음거리[423]다.

無門曰:"德山未出關時, 心憤憤, 口悱悱, 得得來南方, 要滅卻敎外別傳之旨. 及到澧州路上, 問婆子買點心, 婆云:'大德車子內, 是甚麼文字?'山云:'金剛經抄疏.'婆云:'只如經中道:〔過去心不可得, 見在心不可得, 未來心不可得.〕大德要點那箇心?'德山被者一問, 直得口似匾檐. 然雖如是, 未肯向婆子句下死卻, 遂問婆子:'近處有甚麼宗師?'婆云:'五里外有龍潭和尚.'及到龍潭, 納盡敗闕, 可謂是前言不應後語. 龍潭大似憐兒不覺醜,

---

414) 대사(大似) : 꼭 -와 같다. 꼭 -처럼.

415) 유사자(有些子) : ①조금 있다. ②조금. 약간. ③일부. ④어떤.

416) 낭망(郎忙) : 급한. 바쁜. 분주한.

417) 악수(惡水) : 더러운 물. =탁수(濁水).

418) 맥두(驀頭) : 갑자기. 돌연. 문득. =맥연(驀然), 맥지(驀地).

419) 더러운 물을 끼얹었다는 것은 다음 날 용담이 덕산을 칭찬한 말을 비판하는 말.

420) 일요요살(一澆澆殺) : (물을) 확 끼얹어서 푹 젖도록 하다. 푹 젖을 만큼 (물을) 확 끼얹었다. 일(一)은 동사 앞에 사용되어 어떤 동작이 순간적으로 갑자기 일어남을 나타내며 뒤에 그 동작의 결과를 나타내는 말이 온다. 살(殺)은 동사나 형용사 뒤에 붙여서 '매우 심한', '끝까지', '죽도록' 등 정도가 극히 심함을 나타내는 말.

421) 냉지(冷地) : ①(부) 남몰래. ②(부) 냉정하게. 냉담하게.

422) 간래(看來) : 보기에. 보니까. 보아하니.

423) 일장호소(一場好笑) : 한바탕 웃음거리. 호소(好笑)는 '우습다', '가소롭다'는 뜻.

170

見他有些子火種, 郞忙將惡水, 驀頭一澆澆殺, 冷地看來一場好笑."

[군소리]

의사는 환자의 병을 치료하지만, 건강을 제대로 찾았는지는 환자
자신만 아는 것이다.

[무문의 송]

명성을 듣는 것보다 직접 만나는 게 나을 때가 있고[424)
직접 만나는 것보다 명성을 듣는 게 나을 때가 있다.[425)
비록 코[426)는 구해 낼 수 있었으나[427)
눈[428)을 멀게 하였으니[429) 어찌하리오?

---

424) 평판을 들었던 것보다 직접 만나 보니 더 훌륭하다.
425) 평판은 좋았으나 직접 만나 보니 기대에 미치지 못하다.
426) 비공(鼻孔) : 코. 콧구멍. 비공(鼻孔)은 글자 그대로는 콧구멍이라는 뜻이지만,
    콧구멍을 포함한 코 전체를 가리키는 말이다. 파비(把鼻)라는 말이 손잡이를 붙
    잡는다는 뜻이듯이 코는 손잡이를 뜻하거나, 혹은 비조(鼻祖)라고 하듯이 근원
    이나 시초를 가리키는 뜻이 있다. 선승들의 어록에서 비공(鼻孔)이라는 말은 근
    원이나 시초라는 뜻으로서 우리의 본래면목을 가리킨다. 예컨대, 『경덕전등록』
    에 나오는 "부모가 아직 낳지 않았을 때 코는 어디에 있는가?(父母未生時鼻孔
    在什麽處)" 혹은 "납승이라면 모름지기 바로 납승의 코를 밝혀 내야 한다.(衲僧
    直須明取衲僧鼻孔)" 등의 말에서 코(鼻孔)는 본래면목을 가리킨다.
427) 덕산을 깨닫게 해 주었다.
428) 안정(眼睛) : 글자 그대로는 눈동자를 뜻하지만, 눈 전체를 가리키는 말이다. 선
    에서는 주로 본래면목을 알아보는 안목(眼目)을 뜻한다.
429) 덕산을 쉽게 긍정함으로써 도리어 덕산의 아상(我相)을 만들어 주었다.

171

頌曰: "聞名不如見面, 見面不如聞名. 雖然救得鼻孔, 爭奈瞎卻眼睛?"

[군소리]
좋은 의사는 환자가 제대로 건강을 찾을 때까지 치료를 멈추지 않는다.

[총평]
비록 견성하여 해탈했더라도
해탈했다고 생각하면 안 되니,
해탈했구나 하고 생각하는 순간
바로 망상에 사로잡혀 얽매인다.

[참고]
덕산이 용담을 만나 깨달음을 얻은 이야기가 『조당집』 제5권 '덕산화상(德山和尙)'에는 다음과 같이 되어 있다.

덕산 화상은 용담(龍潭)의 법을 이었고 낭주(朗州)에 머물렀다. 휘(諱)는 선감(宣鑒)이고, 성(姓)은 주(周)씨이며, 일남(釰南) 서천(西川) 사람이다. 태어날 때부터 익힌 음식을 먹지 않았고, 어려서는 총명하였다. 나이 스물에 스승을 따라 출가하여 때가 되어 구족계를 받았다. 경율(經律)을 두루 자세히 공부하였고, 삶과 죽음의 분별에서 벗어난 근본의 묘함을 홀로 깊이 탐구하여 매번 이렇게 말했다.

"하나의 터럭이 큰 바다를 삼키지만 바다의 자성은 줄어들지 않고, 조그만 겨자씨를 바늘 끝에 던지지만 바늘 끝의 날카로움은 변화가 없다. 그러나 배운 사람이나 못 배운 사람들 가운데 오직 나만이 이것을 안다."

이윽고 여러 곳을 떠돌며 종사(宗師)들을 방문하였는데, 그들이 자기의 불법을 떨칠 때면 모두 다 뛰어나고 밝은 것은 아니었다. 뒤에 용담(龍潭)이 석두(石頭)의 손제자(孫弟子)라는 소문을 듣고서 옷을 갖추어 입고 그곳으로 찾아갔다. 처음 만나 홀로 입실(入室)하며 문도(門徒)로 잠시 머물렀다. 덕산이 이에 용담을 며칠 시봉(侍奉)했는데,[430] 어느 날 밤 모시고 있을 때 용담이 말했다.

"어찌 돌아가지 않는가?"

덕산이 대답했다.

"어둡습니다."

용담은 곧 촛불에 불을 붙여 덕산에게 건네주었다. 덕산이 받으려 하는데 용담이 바로 촛불을 꺼 버렸다. 덕산이 즉시 절을 올리자 용담이 물었다.

"무슨 도리를 보았는가?"

덕산이 말했다.

"앞으로는 결코 천하의 노스님들의 말씀을 의심하지 않겠습니다."

---

430) 간시(看侍) : 돌보다. 뒷바라지하다. 시봉(侍奉)하다.

덕산이 다시 물었다.

"오래도록 용담(龍潭)을 동경해 왔는데, 막상 도착하니 담(潭)도 보이지 않고 용(龍)도 보이지 않는군요. 이럴 때에는 어떻게 해야 합니까?"

"그대는 직접 용담에 이르렀구나."

덕산은 복잡하지 않은 말을 듣고서 기뻐하고 감탄하며 말했다.

"온갖 뛰어난 말솜씨에 능통하다고 하여도 한 개 터럭을 큰 허공에다 놓는 것과 같고, 세상을 뒤집을 요긴한 일도 물 한 방울을 큰 구덩이에 떨어뜨리는 것과 같다."

드디어 튼튼한 이빨[431]로 용감하게 대적(對敵)하는 솜씨를 기르고 공손한 덕(德)으로 당당하게 나아가는 인품을 쌓으며, 눈 속에 서서 법을 구했던 혜가(慧可)의 문도(門徒)를 계승하여 옷과 함께 전해 준 비밀한 뜻을 기다렸다. 물병과 신발을 보살펴 주며[432] 매일 방장실로 찾아가 가르침을 구하여[433] 공부가 더욱 정미(精微)해지니, 다시 다른 곳으로 찾아가지는 않고 풍원(灃源)[434]에서 30여 년을 꼼짝없이 머물렀다. 망상을 충분히 제거한[435] 뒤 함통(咸通)[436] 첫해(860년)

---

431) 금아(金牙) : 튼튼한 이.

432) 급시(給侍) : 모시다. 시중들다. 보살펴 주다.

433) 일구(日扣) : 매일 방장실로 들어가 가르침을 청하다. 구(扣)는 찾아가 가르침을 구한다는 말인 구참(扣參)과 같음.

434) 용담숭신(龍潭崇信)이 있는 풍주(灃州)의 용담(龍潭)을 가리킴.

435) 등태(澄汰) : ①혼탁한 물을 침전시켜서 찌꺼기나 모래 따위를 골라냄. 주로 선별, 선택을 이르는 말. ②좋지 않은 것, 불리한 것을 제거함.

436) 함통(咸通) : 당(唐) 17대 임금인 의종(懿宗)의 연호. 서기 860년에서 873년까

에 무릉(武陵)의 태수(太守) 살정망(薩廷望)이 초빙하여[437] 비로소 덕산(德山)에 머물렀다. 그로부터 여러 곳에서 도를 공부하는 이들이 찾아와 겨울이고 여름이고 500대중을 채웠다.

德山和尙, 嗣龍潭, 在朗州. 師諱宣鑒, 姓周, 釗南西川人也. 生不熏食, 幼而敏焉. 卄歲從師, 依年受具. 毗尼勝藏靡不精研, 解脫相宗, 獨探其妙. 每日: "一毛吞巨海, 海性無虧. 纖芥投針鋒, 鋒利不動. 然學与非學, 唯我知焉." 逐雲遊海內, 訪謁宗師, 凡至擊揚, 皆非郢哲. 後聞龍潭則石頭之二葉, 乃攝衣而往焉. 初見而獨室小駐門徒. 師乃看侍數日, 因一夜參次, 龍潭云: "何不歸去?" 師對日: "黑." 龍潭便點燭与師, 師擬接, 龍潭便息却. 師便礼拜, 潭云: "見什摩道理?" 師云: "從今向去, 終不疑天下老師舌頭." 師便問: "久嚮龍潭, 及至到來, 潭又不見, 龍又不見. 時如何?" 潭云: "子親到龍潭也." 師聞不糅之言, 喜而歎日: "窮諸玄辯, 如一毫置之太虛. 竭世樞機, 似一滴投於巨壑." 逐乃攝金牙之勇敵, 藏敬德之雄征, 繼立雪之玄徒, 俟傳衣之秘旨, 給侍瓶屨, 日扣精微, 更不他遊, 盤泊澧源三十餘載乎. 澄汰後咸通初年, 武陵太守薩廷望迎請, 始居德山. 自是四海玄徒冬夏常盈五百矣.

제29칙 바람도 아니고 깃발도 아니다非風非幡

[고칙]

바람이 절의 깃발을 날리는데 두 승려가 서로 논쟁하기를, 한 사람은 "깃발이 움직이는 것이다."라 하고, 한 사람은 "바람이 움직이는 것이다."라 하며 옥신각신하고, 이치에 맞지 않기에, 육조(六祖)가 말했다.

"바람이 움직이는 것도 아니고, 깃발이 움직이는 것도 아니며, 당신[438]들 마음이 움직이는 것입니다."

두 승려는 온몸에 소름이[439] 돋았다.[440]

六祖, 因風颺刹幡, 有二僧對論, 一云: "幡動." 一云: "風動." 往復, 曾未契理, 祖云: "不是風動, 不是幡動, 仁者心動." 二僧悚然.

[군소리]

육조의 말은 어린아이들도 할 수 있는 평범한 말이지만, 그 깊은 뜻은 깨달은 자만이 제대로 알 수 있다.

---

438) 인자(仁者) : 상대방을 높여 부르는 말. 당신.
439) 송연(悚然) : 두려워하다. 두려워 벌벌 떨다.
440) 『연등회요』 제2권 '육조혜능대사(六祖惠能大師)'에 이 내용이 실려 있다.

[무문의 말]

바람이 움직이는 것도 아니고, 깃발이 움직이는 것도 아니고, 마음이 움직이는 것도 아니라면, 어느 곳에서 조사를 보겠는가?

만약 여기에서 뚜렷하게 볼 수 있다면, 두 승려는 쇳덩이를 샀는데 알고 보니 금덩이를 얻은 횡재를 하였고,[441] 조사는 웃음을 참지 못하고[442] 허물을[443] 한바탕[444] 드러냈음을[445] 알게 될 것이다.

無門曰: "不是風動, 不是幡動, 不是心動, 甚處見祖師? 若向者裏, 見得親切, 方知二僧, 買鐵得金, 祖師忍俊不禁, 一場漏逗."

[군소리]

선지식의 노릇을 할 때에는 늘 자신이 죄인이 될 수 있음을 각오하는 것이다. 그렇지 않으면 어떻게 부처님이 자비롭다고 하겠는가?

[무문의 송]

바람 · 깃발 · 마음이 움직인다는 말 모두

---

441) 마음이 움직인다는 육조의 말은 쇳덩이에 불과하지만, 이 말을 듣고서 깨달아 안목을 얻으면 그 쇳덩이는 금덩이가 된다.

442) 인준불금(忍俊不禁): 웃음을 참지 못하다. 웃음을 참을 수 없다.

443) 누두(漏逗): ①새다. ②터져서 드러나다. ③불완전하다. 미숙하다. ④허물이 드러나다.

444) 일장(一場): 한바탕. 한 번.

445) 육조가 두 승려의 어리석음을 보고서 웃음을 참지 못하고 한마디하였지만, 육조의 이 말에도 허물은 있다.

한 장의 영장(令狀)으로 다스릴 허물이로다.[446]

단지 입을 열어 말할 줄만 알았지

말 속에 말려드는[447] 줄은 모르는구나.

頌曰：“風幡心動，一狀領過．只知開口，不覺話墮．”

[군소리]

약에 부작용이 있다고 하여 약을 쓰지 않는다면, 영원히 한 사람도 구제할 수 없을 것이다.

[총평]

바람은 휘휘 시원하게 불고

깃발은 펄럭펄럭 춤추는데,

마음이라는 물건이 어디에 있다고

움직인다는 헛소리를 하는가?

---

446) 일장영과(一狀領過) : 한 장의 결재 서류로 여러 사람을 같은 죄로 처리하는 것.
   영과(領過)는 죄를 인정하는 것.

447) 화타(話墮) : ①타언구중(墮言句中)과 같이 말 속에 떨어졌다, 즉 말 속으로 말려들었다는 뜻. 말의 뜻 속으로 말려듦으로써 본지(本旨)를 잃은 것을 가리킨다. 즉, 분별에 머물고 있다는 말. ②말이 성립되지 않는다. 말의 앞뒤가 모순된다. 말의 앞뒤가 맞지 않는다. 말하여 스스로의 모순을 드러낸다.

제30칙 마음이 곧 부처 卽心卽佛

[고칙]

마조(馬祖)[448]에게 대매(大梅)가 물었다.

"어떤 것이 부처입니까?"

마조가 말했다.

"이 마음이 바로 부처다."[449]

---

448) 마조도일(馬祖道一) : 709-788. 당대(唐代) 선승. 남악회양(南嶽懷讓)의 법제
자. 신라승 무상(無相)에게서도 공부하였다. 성은 마(馬)씨. 한주(漢州; 사천성
(四川省)) 시방(什邡) 사람. 용모가 기이하여 소처럼 걷고 호랑이처럼 노려보며
혀가 길고 발에 두 개의 바퀴무늬가 있었다고 함. 어려서 여러 학문을 공부하였
고, 근처 나한사(羅漢寺)의 자주처적(資州處寂)에게 출가하였다. 뒤에 남악(南
嶽)에서 육조(六祖)의 제자 회양(懷讓)의 깨우침에 의하여, 이른바 남악마전(南
嶽磨磚)을 통하여 심인(心印)을 얻었다. 천보(天寶) 원년(742) 건양(建陽) 불적
암(佛蹟巖)에서 개법(開法)한 후 대력(大曆) 4년(769)에는 종릉(鐘陵; 강서성(江
西省)) 개원사(開元寺)에 머물며 종풍(宗風)을 드날렸다. 만년에 늑담(泐潭; 정
안현(靖安縣)) 석문산(石門山) 보봉사(寶峰寺)에 머물다가 정원(貞元) 4년 2월
입적하였다. 세수 80세. 문인 권덕여(權德輿)가 '탑명병서(塔銘幷序)'를 짓고 석
문산에 탑(塔)을 세웠다. 시호는 대적선사(大寂禪師; 헌종), 조인(祖印; 송(宋)
휘종)이라 했다. 그의 가풍은 '평상심시도(平常心是道)', '즉심시불(卽心是佛)'을
표방하는 대기대용(大機大用)이었다. 당시 사람들이 강서마조(江西馬祖)와 호
남석두(湖南石頭)를 선계(禪界)의 쌍벽이라 함. 문하에 백장회해(百丈懷海), 서
당지장(西堂智藏), 남전보원(南泉普願), 염관제안(塩官齊安), 대매법상(大梅法
常) 등 뛰어난 종장(宗匠)들이 많다. 설법과 문답을 모은 『마조록(馬祖錄)』이 남
아 있음.

449) 『경덕전등록』 제7권 '명주대매산법상선사(明州大梅山法常禪師)'에 이 내용이 나

179

馬祖, 因大梅問: "如何是佛?" 祖云: "卽心是佛."

[군소리]

어떤 것이 마음인가? 찾으면 없고, 찾지 않으면 있다.

[무문의 말]

만약 즉시 깨달을[450] 수 있다면,[451] 부처의 옷을 입고, 부처의 밥을 먹고, 부처의 말을 하고, 부처의 행동을 할 것이니, 곧 부처다.

비록 그렇다 하더라도, 대매 때문에 어떤[452] 사람들은 저울의 기준 눈금을 잘못 읽었으니,[453] 부처라는 글자를 말하기만 해도 3일이나 입을 닦았다는 말을 어찌 알겠는가?[454]

만약 한 사람 참된 대장부라면,[455] "이 마음이 곧 부처다."라는 말을 듣기만 해도 귀를 막고 곧장 달아날 것이다.

온다.

450) 영략(領略) : ①(체험으로) 이해하다. ②깨닫다. ③감지하다. ④음미하다.

451) 득거(得去) : 형용사나 동사 뒤에 쓰여 행위 동작의 완료를 나타내는 조사.

452) 다소(多少) : ①(의문사) 얼마? ②(감탄사) 얼마나! ③(부정수량) 얼마간. 얼마쯤. 조금.

453) 착인정반성(錯認定盤星) : 반성(盤星)은 저울 눈금, 정반성(定盤星)은 눈금을 정하는 기점이 되는 첫 번째 눈금. 기점이 되는 저울눈을 잘못 알았다는 말은, 본성(本性)을 잘못 알았다는 뜻.

454) 지도(知道) : 알다. 깨닫다. =지(知), 지유(知有).

455) 시개한(是箇漢) : 한 사람 참된 대장부. 한 사람 참된 선자(禪者). =시개인(是箇人).

無門曰: "若能直下領略得去, 著佛衣喫佛飯, 說佛話行佛行, 卽是佛也. 然雖如是, 大梅引多少人, 錯認定盤星, 爭知道說箇佛字三日漱口? 若是箇漢, 見說卽心是佛, 掩耳便走."

[군소리]

"이 마음이 곧 부처다."라는 말에 무슨 허물이 있는가? 허물은 그대가 말에 속는 데에 있다.

[무문의 송]

밝은 대낮처럼 명백하니

결코 찾지 말아야 한다.

다시 어떤 것이냐고 묻는다면

훔친 물건을 안고서 억울하다 외치는 짓이다.[456]

頌曰: "靑天白日, 切忌尋覓. 更問如何, 抱贓叫屈."

[군소리]

지금 이것을 인정하지도 말고, 다시 따로 찾지도 마라.

---

456) 포장규굴(抱贓叫屈): 규굴(叫屈)은 억울하다고 외쳐서 억울함을 호소하는 것. 훔친 물건을 안고서, 자기가 훔치지 않았는데도 도둑으로 몰렸다고 억울함을 호소하다. 자기의 마음을 알 수 없다고 찾는 것은 마치 훔친 물건을 안고서 억울하다고 하듯이, 스스로가 모두 드러내고 있으면서 자신만 그것을 모르고 헛된 소리를 한다는 뜻.

[총평]

부처가 무엇입니까?

자기를 속이지 마라.

마음이 곧 부처라니

꿈속에서 꿈을 말하네.

[참고]

① 『조당집』 제15권 '대매화상(大梅和尙)'

법상(法常)이 어느 날 마조에게 물었다.

"어떤 것이 부처입니까?"

마조가 말했다.

"바로 그대의 마음이다."

법상이 다시 물었다.

"어떻게 지녀야[457] 합니까?"

마조가 말했다.

"그대가 잘 보호하여 지녀야지."

법상이 다시 물었다.

"어떤 것이 법입니까?"

---

457) 보임(保任) : 보호임지(保護任持)의 준말. 보호하여 떠맡아 가지고 있다는 말.
깨달음을 얻으면 얻은 깨달음에 머물러, 물러남이 없이 잘 유지하여 깨달음에
익숙해져야 하는 것을 가리키는 말이다.

마조가 말했다.

"역시 그대의 마음이다."

법상이 다시 물었다.

"어떤 것이 조사의 뜻입니까?"

마조가 말했다.

"바로 그대의 마음이다."

법상이 또 물었다.

"조사에게는 뜻이 없습니까?"

마조가 말했다.

"그대가 그대의 마음을 알기만 하면, 갖추지 않은 법이 없다."

법상은 이 말을 듣고서 문득 현묘한 뜻[458]을 깨달았다. 이윽고 석장(錫杖)에 의지하여 구름 덮인 산을 찾아다니다가 대매산(大梅山) 아래에 이르자 곧 마음을 둘 뜻이 있어서 이에 약간[459]의 곡식 종자(種子)[460]를 얻어서 깊은 산속으로 한 번 들어가서 다시는 나오지 않았다.

뒷날 염관(鹽官) 화상이 법석을 펼쳤을 때 그 문하의 어떤 승려가 주장자를 만들 나무를 찾아 산에 가서 길을 잃고 헤매다가 한

---

458) 현지(玄旨) : 말로써 설명할 수 없는 깊은 뜻. 헤아릴 수 없이 깊고 미묘한 뜻. 『임제록』에 이런 구절이 있다. "스님들이여! 붙잡았으면 곧장 쓸 뿐, 다시 이름을 붙일 필요는 없으니, 그를 일러 그윽한 뜻이라고 한다."(道流! 把得便用, 更不着名字, 號之爲玄旨.)

459) 소허(小許) : 소량. 얼마간. 약간.

460) 종량(種粮) : 곡식의 종자(種子).

사람을 만났는데, 풀잎으로 옷을 만들어 입고 상투를 틀고 가죽으로 만든 조그마한 집에 살고 있었다. 그는 승려를 보고서 먼저 인사를 건넸는데, 말을 더듬었다. 승려가 그곳에 들어와 살고 있는 연유를 묻자, 법상이 말했다.

"마조 대사를 만났기 때문입니다."

승려가 물었다.

"여기에는 몇 년이나 계셨습니까?"

법상이 말했다.

"몇 년이나 지났는지 모릅니다. 다만 사방의 산이 푸르게 되었다가 누렇게 되었다가 하기를 30번 정도는 한 것 같습니다."

승려가 법상에게 물었다.

"마조 대사가 계신 곳에서는 무슨 뜻을 얻었습니까?"

법상이 말했다.

"마음이 곧 부처입니다."

그 승려가 산을 내려가는 길을 묻자 법상은 개울의 흐름을 따라가라고 일러 주었다. 그 승려는 염관이 있는 곳으로 돌아와서 앞의 일을 모두 이야기하니, 염관이 말했다.

"내 기억에, 강서(江西)[461]에 있을 때 한 승려가 마조 대사에게 불법과 조사의 뜻을 묻는 것을 보았는데, 마조 대사는 모두 답하기를 '바로 그대의 마음이다.'라고 하셨다. 30여 년이 지나도록 그

---

461) 강서(江西) : 마조도일이 있었던 강서성(江西省) 종릉(鐘陵) 개원사(開元寺)를 가리킴.

승려가 있는 곳을 전혀 알 수 없었는데, 바로 이 사람이 아닐까?"

드디어 몇 사람을 시켜 지난번의 길을 따라서 산을 올라가 찾아보고, 그를 만나면 "마조 대사는 요즈음에는 '마음도 아니고 부처도 아니다.'라고 말한다."고 이야기하라고 일렀다. 그들이 염관이 시킨 대로 가서 묻자, 법상이 말했다.

"당신들이 마음도 아니고 부처도 아니라고 말할지라도, 나는 오로지[462] 마음이 곧 부처입니다."

염관이 그 이야기를 듣고서 감탄하며 말했다.

"서산(西山)의 매실이 익었구나. 그대들은 그곳으로 가서 마음대로 따먹어라."

이리하여 2, 3년도 되지 않아서 수백 명의 사람이 찾아왔는데, 사람들을 지도할 때는 그 대답이 흐르는 물처럼 막힘이 없었다.

因一日問: "如何是佛?" 馬師云: "卽汝心是." 師進云: "如何保任?" 師云: "汝善護持." 又問: "如何是法?" 師云: "亦汝心是." 又問: "如何是祖意?" 馬師云: "卽汝心是." 師進云: "祖無意耶?" 馬師云: "汝但識取汝心, 無法不備." 師於言下頓領玄旨. 遂杖錫而望雲山. 因至大梅山下, 便有棲心之意, 乃求小許種粮, 一入深幽, 更不再出. 後因塩官和尙出世, 有僧尋柱杖迷山, 見其一人, 草衣結髮, 居小皮舍. 見僧先言不審, 而言語謇澁. 僧窮其由, 師云: "見馬大師." 僧問: "居此多少年也?" 師云: "亦不知多少年, 只見四山, 靑了又黃, 靑了又黃, 如是可計三十餘度." 僧問師 "於馬祖處

462) 지관(只管) : 단지. 오로지. 다만.

得何意旨?"師云:"卽心是佛."其僧問出山路, 師指隨流而去. 其僧歸到塩官處, 具陳上事, 塩官云:"吾憶, 在江西時, 曾見一僧, 問馬大師佛法祖意, 馬大師皆言, 卽汝心是. 自三十餘年, 更不知其僧所在. 莫是此人不?"遂令數人, 敎依舊路斫山尋覓, 如見, 云:"馬師近日道:'非心非佛.'"其數人依塩官敎問, 師云:"任你非心非佛, 我只管卽心卽佛."塩官聞而嘆曰:"西山梅子熟也. 汝曺可往彼, 隨意採摘去."如是不足二三年間, 衆上數百, 凡應機接物, 對答如流.

② 『경덕전등록』 제7권 '명주대매산법상선사(明州大梅山法常禪師)'

처음 마조를 찾아가 물었다.

"어떤 것이 부처입니까?"

마조가 말했다.

"이 마음이 부처다."

법상은 곧 크게 깨달았다. 당(唐) 정원(貞元)[463] 연간에 천태산(天台山) 여요현(餘姚縣)[464] 남쪽 70리에 머물렀으니, 매실이 참으로 오랫동안 숨었던 것이다. 그때 염관(塩官) 문하의 한 승려가 산으로 들어가 주장자로 쓸 나무를 찾다가 길을 잃고서 그 암자 앞에 이르러 물었다.

---

463) 정원(貞元) : 당(唐) 9대 임금인 덕종(德宗)의 연호. 서기 785년에서 805년까지 21년 동안이다.

464) 여요현(餘姚縣) : 절강성(浙江省) 동쪽에 있다.

186

"스님은 이 산속으로 들어오신 지 얼마나 지났습니까?"

법상이 말했다.

"사방의 산이 푸르렀다가 누렇게 되는 것만 보았을 뿐입니다."

다시 물었다.

"산을 나가는 길은 어디로 가야 합니까?"

법상이 말했다.

"개울을 따라가십시오."

승려가 돌아와 염관에게 그 이야기를 하니, 염관이 말했다.

"내가 강서에 있을 때 한 스님을 만난 적이 있는데, 이후로 그 소식을 알지 못했다. 그 스님이 아닐까?"

드디어 그 승려를 시켜 법상에게 산을 나오도록 부탁하게 하니, 법상은 게송을 지어 보였다.

"부러진 고목이 차가운 숲에 기대어 있는데,

몇 번이나 봄을 만났지만 그 마음 변치 않아.

나무꾼이 고목을 발견해도 도리어 돌아보지 않는데,

영인(郢人)[465]이 어찌 애써 찾아내겠는가?"

---

465) 영인(郢人) : ①영(郢) 땅 사람. 초(楚)나라 사람. 영(郢)은 지금의 호북성(湖北省) 강릉현(江陵縣)인데, 춘추전국시대에는 초(楚)나라 도성(都城)이었다. ② 노래를 잘하는 사람. 유행가를 잘 부르는 사람. 영곡(郢曲)은 초나라 사람들의 노래로서 유행가를 가리킨다. ③자기의 재능을 알아주는 친구를 비유하는 말. 『장자(莊子)』「서무귀(徐無鬼)」에 나오는 이야기. 초(楚)나라 영(郢) 땅 사람이 자기 코 끝에 백토(白土)를 파리날개처럼 얇게 바르고는 친구인 장인(匠人) 석(石)에게 떼어 달라고 하니, 석이 자귀를 휘둘러 백토만 떼어 내고 코는 다치지 않았으며, 그 사람도 친구의 실력을 믿고서 불안해하지 않고 태연히 있었다는 고

마조는 법상이 산에 머문다는 소문을 듣고서 한 승려를 보내어 묻게 하였다.

"스님은 마조 대사를 뵙고 무엇을 얻었기에 곧장 이 산에 머무십니까?"

법상이 말했다.

"마조 대사가 나에게 말하기를 '이 마음이 부처다.'라고 하셨는데, 나는 곧장 여기에 머물고 있습니다."

승려가 말했다.

"마조 대사의 요즈음 불법은 다릅니다."

법상이 물었다.

"어떻게 다릅니까?"

승려가 말했다.

"요즈음은 말씀하시길, '마음도 아니고 부처도 아니다.'라고 하십니다."

법상이 말했다.

"이 노인네가 사람을 혼란하게 만들기가 끝날 날이 없구나. 당신은 마음대로 마음도 아니고 부처도 아니라고 하라. 나는 다만 이 마음이 부처일 뿐이다."

그 승려가 돌아와 마조에게 그대로 말하니, 마조가 말했다.

"여러분, 매실이 익었다."

사에서 유래함.

初參大寂問："如何是佛？"大寂云："卽心是佛."師卽大悟. 唐貞元中，居於天台山餘姚南七十里，梅子眞舊隱. 時鹽官會下一僧入山采拄杖，迷路至庵所，問曰："和尚在此山來多少時也？"師曰："只見四山青又黃."又問："出山路向什麼處去？"師曰："隨流去."僧歸說似鹽官，鹽官曰："我在江西時，曾見一僧，自後不知消息. 莫是此僧否？"遂令僧去請出師，師有偈曰："摧殘枯木倚寒林，幾度逢春不變心. 樵客遇之猶不顧，郢人那得苦追尋？"大寂聞師住山，乃令一僧到問云："和尚見馬師，得箇什麼，便住此山？"師云："馬師向我道，卽心是佛，我便向遮裏住."僧云："馬師近日佛法又別."師云："作麼生別？"僧云："近日又道，非心非佛."師云："遮老漢惑亂人，未有了日. 任汝非心非佛. 我只管卽心卽佛."其僧迴舉似馬祖，祖云："大衆，梅子熟也."

제31칙 조주, 노파를 간파하다 趙州勘婆

[고칙]

어떤 승려가 노파에게 물었다.

"오대산(五臺山)[466]으로 가려면 어느 길로 가야 합니까?"

노파가 말했다.

"곧장[467] 가시오."

승려가 막 서너 걸음 걸어가자 노파가 말했다.

"훌륭한[468] 스님[469]이 또 이렇게 가는구나!"[470]

뒤에 어떤 승려가 조주에게 이 사실을 이야기하자, 조주가 말했다.

"내가 가서 그대들을 위하여[471] 그 노파의 속임수를 밝혀 내겠

---

466) 오대산(五臺山) : 중국 산서성 대주 오대현(五臺縣) 동북쪽에 있는 산이다. 동 ·
     서 · 남 · 북 · 중앙의 다섯 봉우리가 높이 솟아 있는데 꼭대기에 나무가 없고 흙
     이 쌓인 대(臺)와 같다고 해서 붙여진 이름이다. 청량산(淸凉山)이라고도 한다.
     청량징관(淸凉澄觀), 등은봉(鄧隱峯) 등의 이름난 스님들이 머문 사찰이 있다.

467) 맥직(驀直) : 곧장. 똑바로. 맥(驀)은 '갑자기. 돌연.'(시간을 표시) '바로 앞을 향
     하여.'(동작의 방향을 표시)

468) 호개(好箇) : 대단한. 훌륭한. (감탄을 나타내는 형용사. 개(箇)는 접미사.)

469) 사승(師僧) : 스승이 될 만한 승려. 사장(師匠), 화상(和尙)과 같은 뜻.

470) 남의 말을 따라가는구나.

471) 여이(與爾) : 그대들을 위하여. 여(與)는 위(爲)와 같음.

190

다."[472)

다음 날 곧 가서 역시 그렇게 물으니, 노파도 그렇게 대답하였
다. 조주가 돌아와서 대중에게 말했다.

"내가 그대들을 위하여 오대산 노파의 속임수를 밝혀 냈다."[473)

趙州, 因僧問婆子: "臺山路, 向甚處去?" 婆云: "驀直去." 僧纔行三五
步, 婆云: "好箇師僧, 又恁麽去." 後有僧擧似州, 州云: "待我去與爾, 勘
過這婆子." 明日便去, 亦如是問, 婆亦如是答. 州歸謂衆曰: "臺山婆子, 我
與爾勘破了也."

[군소리]

따라가는 걸음걸음에 망상이 없다면, 천 번을 따라간들 무슨 허물
이 있으랴? 따라간다 따라가지 않는다 하고 분별하는 노파와 조주는
모두 주장자 맛을 보아야 한다.

[무문의 말]

노파는 싸움터에 나아가지 않고 막사 속에 앉아서 작전 짤 줄만

---

472) 감과(勘過): =감파(勘破). 그 내막을 뚜렷하게 알아차림. 분명하게 파악함. 점
검(點檢), 간파(看破). 과(過) 또는 파(破)는 요(了), 득(得)과 마찬가지로 동사의
뒤에서 동작의 완성을 나타내는 어조사.

473) 『경덕전등록』 제10권 '조주관음원종심선사(趙州觀音院從諗禪師)'에 이 이야기
가 나온다.

알다가, 도리어 적에게 속아서 한 방 먹은[474] 줄은 알지 못했다.

조주 노인은 예상치 못하게 갑자기 습격하여 요새를 빼앗는[475] 계략[476]은 잘 썼지만, 또한[477] 대장부(大丈夫)[478]의 모습은 없었다.

이처럼 점검해 보면[479] 두 사람 모두에게 허물이 있다.

그러나 말해 보라.

조주가 노파의 속임수를 밝혀 낸 곳은 어디인가?

無門曰: "婆子只解坐籌帷幄, 要且著賊不知. 趙州老人善用偸營劫塞之機, 又且無大人相. 撿點將來, 二俱有過. 且道. 那裏是趙州勘破婆子處?"

[군소리]

노파는 남을 속인 것이 곧 자기를 속인 것이고, 조주는 남을 간파한 것이 곧 자기를 간파한 것이니, 둘 모두 웃음거리가 되었다.

---

474) 좌주유악요차저적(坐籌帷幄要且著賊) : 싸움터에 나아가지 않고 진중(陣中)의 장막 안에 앉아서 작전을 세우다가 도리어 적에게 걸려들다. 좌주유악(坐籌帷幄)은 전쟁터에 나가 싸우지 않고 장막에서 편안히 앉아 전략을 세운다는 뜻. 요차(要且)는 도리어, 오히려. 착적(著賊)은 능수능란한 적에게 속아서 한 방 먹다는 뜻.

475) 투영겁새(偸營劫塞) : 적이 생각지 않았던 때에 갑자기 습격하여 적의 진영을 점령하다.

476) 기(機) : 계책. 계략.

477) 우차(又且) : 또한. 게다가.

478) 대인(大人) : 대장부(大丈夫). 전륜성왕이나 부처, 보살을 가리키는 말.

479) 장래(將來) : −장래(將來)에서 장(將)은 지속 혹은 개시를 나타내는 조동사, 래(來)는 방향보어로서 동작의 방향을 나타낸다.

[무문의 송]

물음이 이미 같으니

대답도 역시 같구나.[480]

밥 속에 모래가 있고

진흙 속에 가시가 있다.[481]

頌曰: "問旣一般, 答亦相似. 飯裏有砂, 泥中有刺."

[군소리]

물음도 망상이고 대답도 망상인데, 묻는 자와 답하는 자만 모르고 있구나.

[총평]

노파는 나그네를 몰래 속였다고 즐거워하고

조주는 노파를 몰래 점검했다고 큰소리치지만,

나그네는 속은 적 없고 노파는 점검받지 않았으니

노파와 조주는 제 꾀에 제가 넘어갔을 뿐이다.

[참고]

---

480) 상사(相似) : 닮다. 비슷하다.

481) 안심하고 먹다간 모래를 씹게 되고, 안심하고 걷다간 발바닥을 찔린다. 남을 속인 줄만 알고 자신이 속는 줄은 몰랐다.

193

이 이야기는 『조당집』과 『경덕전등록』에 모두 등장하지만, 그 내용은 다음과 같이 조금 다르다. 『연등회요』와 『오등회원』은 모두 『경덕전등록』을 따르고 있다.

① 『조당집』 제18권 '조주화상(趙州和尙)'

어떤 사람이 노파에게 물었다.

"조주(趙州)로 가려면 어느 길로 가야 합니까?"

노파가 말했다.

"똑바로[482] 가십시오."

승려가 말했다.

"서쪽으로 가야 하는 것 아닙니까?"

노파가 말했다.

"아닙니다."

승려가 말했다.

"동쪽으로 가야 하는 것 아닙니까?"

노파가 말했다.

"아닙니다."

어떤 사람이 이 이야기를 조주에게 하니, 조주가 말했다.

"내가 직접 가서 그 노파의 속임수를 밝혀 보겠다."

조주가 직접 가서 물었다.

---

482) 맥저(驀底) : ①=맥지(驀地). 갑자기. 돌연. 문득. ②=맥직(驀直). 곧장. 똑바로.

"조주로 가려면 어느 길로 가야 합니까?"

노파가 말했다.

"똑바로 가십시오."

조주가 절로 돌아와 대중에게 말했다.

"그 노파의 속임수를 밝혀 냈다."

有人問老婆: "趙州路什摩處去?" 婆云: "驀底去." 僧云: "莫是西邊去摩?" 婆云: "不是." 僧云: "莫是東邊去摩?" 婆云: "也不是." 有人舉似師, 師云: "老僧自去勘破." 師自去, 問: "趙州路什摩處去?" 老婆云: "驀底去." 師歸院, 向師僧云: "勘破了也."

② 『경덕전등록』 제10권 '조주관음원종심선사(趙州觀音院從諗禪師)'

어떤 승려가 오대산을 여행하다가 한 노파에게 물었다.

"오대산으로 가려면 어느 길로 가야 합니까?"

노파가 말했다.

"똑바로 이렇게 가십시오."

그 승려가 곧 가자, 노파가 말했다.

"또 이렇게 가는구나."

그 승려가 조주에게 이 이야기를 하자, 조주가 말했다.

"내가 가서 그 노파의 속임수를 밝혀 내겠다."

다음 날 조주가 곧 노파에게 가서 물었다.

"오대산으로 가려면 어느 길로 가야 합니까?"

노파가 말했다.

"똑바로 이렇게 가십시오."

조주가 곧장 가자, 노파가 말했다.

"또 이렇게 가는구나."

조주는 절로 돌아와서 대중에게 말했다.

"내가 그대들을 위하여 그 노파의 속임수를 밝혀 냈다."

有僧遊五臺, 問一婆子云:"臺山路向什麼處去?"婆子云:"驀直恁麼去."
僧便去, 婆子云:"又恁麼去也."其僧擧似師, 師云:"待我去勘破遮婆子."
師至明日, 便去問:"臺山路向什麼處去?"婆子云:"驀直恁麼去."師便去,
婆子云:"又恁麼去也."師歸院謂僧云:"我爲汝勘破遮婆子了也."

제32칙 외도가 부처님께 묻다 外道問佛

[고칙]

세존(世尊)에게 어떤 외도(外道)[483]가 물었다.

"말 있음도 묻지 않고, 말 없음도 묻지 않겠습니다."

세존은 자리에 가만히 앉아 있었다. 외도가 찬탄하며 말했다.

"세존께서는 대자대비(大慈大悲)[484]하셔서 제 어리석음의 구름
을 열고서 저로 하여금 깨달음에 들게 해 주셨습니다."

그리고 곧 절을 하고서 물러갔다. 아난이 부처님께 물었다.

"외도는 무슨 깨달음이 있었기에 찬탄하고 물러갔습니까?"

세존께서 말씀하셨다.

"마치 좋은 말이 채찍 그림자만 보고도 달리는 것과 같다."[485]

世尊, 因外道問: "不問有言, 不問無言." 世尊據座. 外道贊歎云: "世尊

---

483) 외도(外道) : ① tirthaka:tirthika. 외교(外敎) · 외학(外學) · 외법(外法)이라고도
함. 인도에서 불교 이외의 모든 교학. 종류가 많아 96종이 있고, 부처님 당시에
6종의 외도가 있었음. tirthaka는 신성하고 존경할 만한 은둔자(隱遁者)라는 뜻
이나, 불교에서 보면 모두 다른 교학이므로 외도라 함. ②불교 이외의 종교.

484) 대자대비(大慈大悲) : 불보살(佛菩薩)의 넓고 큰 사랑. 즐거움을 주는 것을 자
(慈)라 하고, 괴로움을 없애는 것을 비(悲)라 함.

485) 『조당집』 제1권 '제칠석가모니불(第七釋迦牟尼佛)'에 이 이야기가 나온다. 『경덕
전등록』에는 제27권 '제방잡거징념대별어(諸方雜擧徵拈代別語)'에 이 이야기가
실려 있다.

大慈大悲, 開我迷雲, 令我得入." 乃具禮而去. 阿難尋問佛: "外道有何所
證, 贊歎而去?" 世尊云: "如世良馬見鞭影而行."

[군소리]

외도의 말은 질문도 찬탄도 모두 헤아림에서 나온 망상인데, 세존
이 저렇게 쉽사리 인정한다면 외도의 병을 고질병으로 만들 것이다.

[무문의 말]

아난은 곧 부처님의 제자인데도 여전히[486] 외도의 견해만도 못
하구나!

말해 보라.

외도와 불제자는 거리[487]가 얼마나 떨어져 있나?

無門曰: "阿難乃佛弟子, 宛不如外道見解. 且道. 外道與佛弟子, 相去多
少?"

[군소리]

아난은 아직 깨달음을 모르기 때문에 깨달을 가능성이 있으나, 외
도는 깨달음을 알기 때문에 깨달을 가능성이 없다.

---

486) 완(宛) : 아직도. 여전히.
487) 상거(相去) : ①거리. 차이. ②차이가 나다.

[무문의 송]

칼날 위를 걷고

얼음[488] 위를 달리며,

계단[489]을 밟지 않고

절벽에 매달려 손을 놓는다.

頌曰: "劍刃上行, 冰稜上走, 不涉階梯, 懸崖撒手."

[군소리]

칼날 위를 걷는 사람은 칼날 위를 걷는 줄 모르고, 절벽에 매달려 손을 놓는 사람도 손을 놓는 줄 모른다.

[총평]

있음도 아니고 없음도 아니라면

제 얼굴을 거울에 비추어 보는 것이다.

자기의 참 얼굴을 바로 보고자 하는가?

있음은 있음이고 없음은 없음이다.

---

488) 빙릉(冰稜) : =빙릉(氷凌). 얼음.

489) 계제(階梯) : 층층대. 계단.

제33칙 마음도 아니고 부처도 아니다 非心非佛

[고칙]

마조(馬祖)에게 어떤 승려가 물었다.

"어떤 것이 부처입니까?"

마조가 말했다.

"마음도 아니고 부처도 아니다."[490]

馬祖, 因僧問: "如何是佛?" 祖曰: "非心非佛."

[군소리]

어떤 때는 마음이 부처라 해도 망상이고 마음이 부처가 아니라 해도 망상이며, 어떤 때는 마음이 부처라 해도 망상이 아니고 마음이 부처가 아니라 해도 망상이 아니다.

[무문의 말]

만약 여기에서 깨닫는다면, 배우는[491] 일을 끝마칠 것이다.

---

490) 이 대화는 마조도일(馬祖道一)과 대매법상(大梅法常)의 대화에 나오지만, 정확히 일치하는 문장은 문헌에 없다. 마조와 대매의 이야기는 앞 제30칙의 [참고]를 읽어 보기 바란다.

491) 참학(參學) : 문하(門下)에 참여하여 배우다. 배우다.

無門曰：“若向者裏見得, 參學事畢.”

[군소리]

여기에서 문득 깨달음도 없고 사람도 없다면, 배우는 일을 끝마칠
것이다.

[무문의 송]

길에서 검객(劍客)을 만나면 칼을 보여 주어야 하지만
시인(詩人)이 아니라면 시(詩)를 바치지 마라.[492]
사람을 만나거든 우선 3할만 말해야지
한 개 마음을 다 베풀어서는 안 된다.

頌曰：“路逢劍客須呈, 不遇詩人莫献. 逢人且說三分, 未可全施一片.”

[군소리]

보여 줄 칼이 있고 바칠 시가 있다면, 아직 보살이 아니다. 말할
것이 있고 베풀 마음이 있다면, 아직 배우는 일을 끝내지 못했다.

[총평]

열 가운데 셋만 말하라니
무슨 망상이 이리 심한가?

---

492) 『임제록(臨濟錄)』에 나오는 임제의 말. 봉림(鳳林)과의 대화 속에 나온다.

언제나 열을 모두 말하지만
듣는 놈이 제멋대로 듣는 게지.

제34칙 지혜는 도가 아니다 智不是道

[고칙]

남전이 말했다.

"마음은 부처가 아니고, 지혜는 도가 아니다."[493)]

南泉云: "心不是佛, 智不是道."

[군소리]

마음이 부처고 지혜가 도라 하든 마음이 부처가 아니고 지혜는
도가 아니라 하든 모두 헛소리지만, 이 헛소리를 듣고서 자신의
진실이 드러난다면 매우 자비로운 헛소리가 될 것이다.

[무문의 말]

남전은 전혀[494)] 부끄러운 줄을 모른다고 하겠으니, 냄새나는 입
을 열자마자 집안의 허물[495)]을 밖으로 드러내는구나.

---

493) 『경덕전등록』 제28권 '지주남전보원화상상당왈(池州南泉普願和尚上堂曰)'에 나
오는 남전보원의 말.

494) 노불(老不) : 전혀 ─가 아니다. 노(老)는 부정어를 강조함.

495) 가추(家醜) : 집안의 허물. 집안의 수치. 집안 망신. 여기에서 집안의 허물이란,
남전보원(南泉普願)의 스승인 마조도일(馬祖道─)이 방편으로 말한 "마음이 곧
부처다."(卽心是佛)라는 말을 남전 문하의 대중이 그 말을 진실한 가르침인 양

비록 그렇다 하더라도 은혜를 아는 자는 적구나![496]

無門曰: "南泉可謂, 老不識羞, 纔開臭口, 家醜外揚. 然雖如是, 知恩者少."

[군소리]
허물을 많이 드러내야 은혜를 아는 자가 많아질 것이다.

[무문의 송]
날이 맑으면 해가 나오고
비가 내리면 땅이 젖는다.
정성을 다해 모두 말했지만
다만 믿지 않을까 두려울 뿐.

頌曰: "天晴日頭出, 雨下地上濕. 盡情都說了, 只恐信不及."

외우고 다니는 일을 말함. 남전은 이러한 부작용을 보다 못하여 "마음은 부처가 아니다."라고 말한 것이다. 선지식이 말하는 모든 말은 방편의 말로서, 그 말을 듣고서 자기 마음을 깨달으면 그 방편의 말은 잊어버린다. 마치 달을 가리키는 손가락은 달을 보게 되면 잊는 것과 같다. 그런데 그런 방편의 말을 진실하다고 여겨 잊지 않고 있다면, 마치 손가락에서 달을 찾으려는 것처럼 어리석은 일이다. 방편의 말을 진실이라고 여겨서는 안 되는 것이다.

496) "마음은 부처가 아니다."라는 말은 "마음이 곧 부처다."라는 말을 진실하다고 여겨 집착하는 어리석음을 부수어 주는 방편의 말이다. 이러한 방편은 학인의 어리석음을 부수어서 바른 길로 안내하는 선지식의 은혜로운 가르침이다.

204

[군소리]

의심도 없고 믿음도 없어야 진짜 믿음이다.

[총평]

마음이 곧 부처라고 하는

마조가 싸지른 똥 무더기를

남전이 애써 치우기는 했으나

더러운 냄새는 치우지 못했네.

[참고]

『경덕전등록』제7권 '호남동사여회선사(湖南東寺如會禪師)'에 동사여회
도 이 구절을 언급하고 있다.

마조가 입적한 뒤에 여회(如會) 선사는 문도(門徒)들이 "마음이 곧
부처다."(즉심즉불(即心即佛))라는 말을 외우고 기억하기를 그치지
않는 것을 늘 걱정하였다. 더욱이 "부처가 어디에 머무는가?" 하고
는 "즉심(即心)."이라 하고, "마음은 화가(畵家)와 같다." 하고는 "즉
불(即佛)."이라고 하였다. 마침내 여회가 대중에게 말했다.

"마음은 부처가 아니고, 지혜는 도가 아니다. 칼은 이미 멀어졌
는데, 그대들은 이제야 뱃전에 표시를 하는구나."[497]

---

497) 각주구검(刻舟求劍) : 『여씨춘추(呂氏春秋)』에 나오는 말. 중국 초(楚)나라 사람
　　이 배를 타고 강을 건너다가 칼을 물속에 빠뜨렸다. 그러자 그는 곧 칼을 빠뜨

自大寂去世, 師常患門徒, 以卽心卽佛之譚, 誦憶不已. 且謂佛於何住而
日卽心, 心如畵師而云卽佛. 遂示衆曰: "心不是佛, 智不是道. 劍去遠矣,
爾方刻舟."

린 뱃전에 표시를 해 두었다. 얼마 후 배가 언덕에 닿자 표시해 둔 배 밑에 가서
칼을 찾더라는 고사.

제35칙 천녀의 혼이 나가다 倩女離魂

[고칙]

오조법연(五祖法演)[498]이 어느 승려에게 물었다.

"천녀(倩女)는 혼이 나갔다는데[499] 어느 것이 진짜인가?"[495]

---

[498] 오조법연(五祖法演) : ?-1104. 기주(蘄州) 오조법연(五祖法演) 선사. 남악(南嶽) 문하 13세손에 해당한다. 송대(宋代) 선승. 임제종(臨濟宗) 양기파(楊岐派)의 3대 법손. 면주(綿州)의 등(鄧)씨 아들로 출생. 35세에 출가하여 유식론(唯識論), 백법론(百法論) 등의 교학을 배우다가 회의를 느끼고, 선(禪)을 찾았다. 혜림종본(慧林宗本)을 찾아 가르침을 받고, 다시 부산법원(浮山法遠)을 찾았고, 뒤에 백운수단(白雲守端; 1025-1072)을 스승으로 섬기며 공부하여 크게 깨달았다. 처음에는 사면산에 있다가 만년에 오조산(五祖山)에 머물렀기 때문에 오조법연이라 한다. 문하에 극근(克勤)·혜근(慧勤)·청원(淸遠) 등이 있다.

[499] 『태평광기(太平廣記)』(978년 편찬)에 실려 있는, 진현우(陳玄祐)가 지은 전기(傳奇) 「이혼기(離魂記)」에 다음과 같은 천녀(倩女)이야기가 있다 : 중국 형양(衡陽) 땅에 장감(張鑑)이라는 사람이 살고 있었다. 그에게는 예쁜 딸 천녀(倩女)가 있었는데, 장감은 농담으로 가끔 외조카인 왕주(王宙)에게 천녀를 데려가라는 말을 했다. 그런데 그 지방의 고관이 그녀의 미모에 반했다. 장감은 전날의 약속을 잊어버리고 천녀를 그 고관에게 시집보내려고 하였다. 왕주를 연모하던 천녀는 깊은 상심에 빠지게 되었다. 왕주 또한 운명을 한탄하면서 모든 것을 잊으려 그곳을 떠나기로 했다. 왕주가 배를 타고 막 떠나려고 하는데 저편 언덕에서 "오라버니!" 하고 부르는 천녀의 목소리가 들렸다. 그리하여 두 사람은 멀고 먼 촉(蜀)나라로 도망가서 행복하게 살았다. 아이도 둘이나 낳고 5년 동안 행복하게 꿈같은 세월을 보내던 어느 날 천녀가 시름시름 앓기 시작했다. 그녀는 부모의 가슴에 못을 박고 떠나오면서 생긴 마음의 병이라고 생각했다. 두 사람은 늦게나마 부모님께 용서를 빌고 결혼을 허락받으려고 다시 고향을 찾았다. 집 근처의 나루터에 도착한 왕주는 천녀를 배에 남겨 두고 혼자 장감의 집을 방문했

"천녀(倩女)는 혼이 나갔다는데 어느 것이 진짜인가?"[500]

五祖問僧云: "倩女離魂, 那箇是眞底?"

[군소리]

말없이 법연의 뺨을 한 대 후려갈겨라.

[무문의 말]

만약 여기에서 진짜를 깨달을 수 있다면, 곧 몸에서 나가고 몸으로 들어가는 것이 마치 여관에서 하룻밤 묵는 것과 같음을 알 것이다.

만약 아직 그렇지 못하다면, 절대로 함부로 쫓아다니지 마라.

문득 육체[501]가 한번 흩어지면, 마치 끓는 물에 떨어진 게처럼

다. 왕주는 장감에게 지금까지 촉에서 두 사람이 살아온 이야기를 하자 장감은 눈이 휘둥그레졌다. 장감은 말했다. "이 사람아 그게 무슨 소린가? 내 딸은 지금 저 규방에서 오랫동안 병으로 앓아누워 있는데." 이 말을 듣고 더욱 충격을 받은 것은 왕주였다. 온몸에 소름이 끼쳤다. "아니 천녀는 저와 함께 살다가 지금 나루터 배에서 기다리고 있는데, 그게 무슨 말씀입니까?" 장감의 가족들은 규방에서 앓고 있는 천녀에게 이 소식을 전하고, 또 한편 장감은 천녀가 타고 있다는 배에 사람을 보냈다. 배에서 내려 수레를 타고 온 천녀가 집 안에 들어서고, 규방의 병석에서 털고 일어난 또 다른 천녀가 마당에서 서로 마주치는 순간, 둘은 거짓말같이 하나로 합쳐졌다.

500) 『오등회원』 제19권 '보융지장(普融知藏)'에 보융지장이 오조법연에게 입실(入室)하여, 오조법연이 천녀이혼(倩女離魂)의 일화를 가지고 묻자 문득 깨달았다는 기록이 나온다.

501) 지수화풍(地水火風) : 사대색신(四大色身). 육체(肉體).

208

팔다리를 버둥거릴[502] 것이니, 그때에는 말해 주지 않았다고 말하지 마라.

無門曰: "若向者裏, 悟得眞底, 便知出殼入殼, 如宿旅舍. 其或未然, 切莫亂走. 驀然地水火風一散, 如落湯螃蟹七手八脚, 那時莫言不道."

[군소리]

육체가 흩어지길 기다릴 게 뭐 있나? 지금도 혼이 나가서 죽은 사람과 같은데. 살아나길 바란다면, 본래 혼이 나간 적이 없음을 밝혀야 할 것이다.

[무문의 송]

구름과 달은 하나인데

계곡과 산은 각기 다르다네.

복 많이 받으세요! 복 많이 받으세요![503]

하나인가, 둘인가?

---

502) 칠수팔각(七手八脚) : ①여러 사람이 합세하여 많은 일손으로 바쁘게 일하다. 많은 사람이 달라붙다. 너 나 할 것 없이 끼어들다. ②아무 일에나 손을 대다. ③동작이 황망한 모양. ④많은 사람들이 바삐 움직이는 모양. ⑤몹시 부산한 모양. ⑥손과 다리가 많음을 인용한 말.

503) 만복(萬福) : 복 많이 받으세요. (문안드리는 말. 안부를 묻는 말. 당대(唐代)에는 남녀가 같이 썼으나, 송대(宋代)에는 여자가 사용했음.) 여기에서는 천녀(倩女)가 부모에게 문안드리는 인사말인데, 집에 누워 있던 천녀와 밖에서 돌아온 천녀가 각각 문안드리니 두 번의 인사말을 적었다.

頌曰: "雲月是同, 溪山各異. 萬福萬福, 是一是二?"

[군소리]

자기를 속이는 것은 언제나 자기임을 알아야 비로소 남에게 속
지 않을 것이다.

[총평]

진짜와 가짜를 따지지 말고
품속에 있을 때 사랑해라.
하나인지 둘인지 따지다가는
좋은 세월 헛되이 지나간다.

제36칙 길에서 도인을 만나다 路逢達道

[고칙]

오조(五祖)가 말했다.

"길에서 도에 통달한 사람을 만나면 말로도 응대하지 못하고 침묵으로도 응대하지 못한다.[504] 말해 보라. 무엇으로 응대해야 하겠는가?"[505]

五祖曰: "路逢達道人, 不將語默對. 且道. 將甚麼對?"

[군소리]

도에 통달한 사람부터 먼저 데려오시오.

[무문의 말]

---

504) 본래 이 두 구절은 향엄지한(香嚴智閑)의 다음과 같은 '담도(譚道)'라는 제목의 게송에 나오는 구절이다. "또렷하고 밝아 둘이 되지 않고,/ 홀로 부리는데 어찌 의지하랴?/ 길에서 도에 통달한 사람을 만나거든,/ 말로도 침묵으로도 응대하지 마라."(的的無兼帶, 獨運何依賴? 路達達道人, 莫將語默對.)(『경덕전등록』 제29권 '향엄습등대사지한송일십구수(香嚴襲燈大師智閑頌一十九首)')

505) 향엄지한의 게송 구절을 인용한 이 질문은 여러 선사들이 하고 있다. 『경덕전등록』을 보면 오조법연(五祖法演) 이전에 이미 월주청화전부선사(越州淸化全付禪師), 여주수산성념선사(汝州首山省念禪師), 복주설봉의존선사(福州雪峰義存禪師) 같은 여러 사람들에게 이 질문을 하는 대중이 있음을 알 수 있다.

만약 여기에서 분명하게 응대할 수 있다면, 당연히[506] 경사스럽고 즐거운 일이다.

만약 아직 그렇지 못하다면, 반드시[507] 모든 곳에서 눈여겨보아야[508] 할 것이다.

無門曰: "若向者裏, 對得親切, 不妨慶快. 其或未然, 也須一切處著眼."

[군소리]

길에서 도에 통달한 사람을 만난다면, 그대는 아직 도를 모르는 사람이다.

[무문의 송]

길에서 도에 통달한 사람을 만나면

말이나 침묵으로 대해서는 안 된다.

뺨을[509] 주먹으로 후려갈겨서[510]

즉시 통해야 곧장 깨닫는다.

---

506) 불방(不妨) : ①지장이 없다. 방해가 없다. (그렇게 할 수 있음을 나타냄.) ②물론. 응당. 당연히. (긍정을 표시함.)

507) 야수(也須)- : 반드시-해야만 한다.

508) 착안(著眼) : 눈여겨보다. 눈을 크게 뜨다. 눈을 들어 바라보다. 눈길을 보내다.

509) 난(攔) : (동작의 방향을 표시함) -로 향하여.

510) 벽면권(劈面拳) : 주먹을 가지고 얼굴을 정면으로 후려갈기다.

頌曰: "路逢達道人, 不將語默對. 攔腮劈面拳, 直下會便會."

[군소리]

길에서 도에 통달한 사람을 만나거든, 먼저 도를 보여 달라고 하라. 그가 보여 주어도 쳐다보지도 말고 지나가고, 보여 주지 않아도 쳐다보지도 말고 지나가라.

[총평]

길에서 도인을 만나면

도를 묻지 마라.

도를 묻는다면

도리어 그대에게 요구할 것이다.

제37칙 뜰 앞의 측백나무 庭前柏樹

[고칙]

조주에게 어떤 승려가 물었다.

"어떤 것이 조사께서 서쪽에서 오신 뜻입니까?"

조주가 말했다.

"뜰 앞의 측백나무다."[511]

趙州, 因僧問: "如何是祖師西來意?" 州云: "庭前柏樹子."

[군소리]

모든 사람의 집 앞에는 한 그루 측백나무가 있다.

[무문의 말]

---

511) 『연등회요』 제6권 '조주관음종심선사(趙州觀音從諗禪師)'에 다음 대화가 나온
다 : 그때 어떤 승려가 물었다. "어떤 것이 조사께서 서쪽에서 오신 뜻입니까?"
조주가 말했다. "뜰앞의 측백나무다." 승려가 물었다. "스님께서는 경계를 사
람에게 보이지 마십시오." 조주가 말했다. "나는 경계를 사람에게 말하지 않았
다." 승려가 물었다. "어떤 것이 조사가 서쪽에서 오신 뜻입니까?" 조주가 말했
다. "뜰앞의 측백나무다."(時有僧問: "如何是祖師西來意?" 師云: "庭前柏樹子."
僧云: "和尚莫將境示人." 師云: "我不將境示人." 僧云: "如何是祖師西來意?" 州
云: "庭前柏樹子.") 『조당집』과 『경덕전등록』에는 이런 내용이 없다. 백수자(柏
樹子)는 측백나무인데 우리나라에선 전통적으로 잣나무라고 번역이 되고 있다.

만약 조주가 대답한 곳에서 뚜렷하게 볼 수 있다면, 앞에는 석가(釋迦)가 없고 뒤에는 미륵(彌勒)[512]이 없을 것이다.

無門曰: "若向趙州答處, 見得親切, 前無釋迦, 後無彌勒."

[군소리]

조주가 대답한 곳에서 뚜렷이 보이는 것이 있다면, 모두가 꿈속의 일이다.

[무문의 송]

말은 사실을 나타내지[513] 않고

대화는 마음에 들어맞지[514] 않는다네.

말을 따르는 자는 목숨을 잃고

글귀에 머무는 자는 헤매게 되느니.

頌曰: "言無展事, 語不投機. 承言者喪, 滯句者迷."

---

512) 미륵(彌勒): Maitreya. 대승(大乘)의 보살. 미륵은 석존의 교화를 받고, 미래에 성불하리라는 수기를 받아, 도솔천에 올라가 있으면서 지금 그 하늘에서 천인들을 교화하고 있는데, 석가세존(釋迦世尊)이 입멸 후 56억 7천만 년을 지나 다시 이 사바세계에 출현하여 화림원(華林園) 안의 용화수(龍華樹) 아래서 성도하여, 3회의 설법으로써 석존의 교화에서 빠진 모든 중생을 제도한다고 한다.

513) 전사(展事): 일을 펼치다. 일을 나타내다.

514) 투기(投機): 기틀에 들어맞다. 선기(禪機)에 계합하다. 마음이 통하다. 마음에 알맞다.

[군소리]
말해도 말이 없고 보아도 보이는 것이 없다면, 헤매지 않으리.

[총평]
뜰 앞의 측백나무는
사물인가 마음인가?
사물이면 경계이고
마음이면 망상이다.

제38칙 소가 창문을 통과하다 牛過窓櫺

[고칙]

오조(五祖)가 말했다.

"비유하면 마치 물소515)가 격자창516)을 통과하는 것과 같은데, 뿔517)과 네 발굽은 모두 지나갔는데, 어째서 꼬리518)는 지나가지 못했는가?"519)

---

515) 수고우(水牯牛) : 본래는 물소의 일종으로 암컷 또는 거세된 소를 가리키는 말이지만, 선사들은 마음을 가리키는 말로 사용하였다. 조주(趙州)가 물었다. "아는 사람은 어디에서 쉽니까?" 남전이 말했다. "산 아래에서 한 마리 수고우가 된다."(趙州問:"知有底人向什摩處休歇去?" 師云:"向山下作一頭水牯牛去.")

516) 창령(窓櫺) : 격자창.

517) 두각(頭角) : 짐승 머리에 난 뿔.

518) 미파(尾巴) : ①꼬리. 어떤 대상을 포착하는 수단. ②파비(巴鼻)와 같은 말. 본분(本分)의 핵심, 또는 본분을 포착하는 단서를 가리킨다.

519) 『속전등록(續傳燈錄)』제36권 '항주경산운봉선사(杭州徑山雲峰禪師)'에 다음 이야기가 실려 있다 : 이윽고 육왕산(育王山)으로 가서 언계(偃溪)를 뵈었는데, 입실(入室)한 뒤에는 장경각의 자물쇠를 담당하였다. 어느 날 언계가 말했다. "비유하면 소가 격자창을 통과하는 것과 같은데, 뿔과 네 발굽은 모두 지나갔지만, 무엇 때문에 꼬리는 지나가지 못했느냐?" 운봉(雲峰)은 문득 깨닫고서 답했다. "고래가 바닷물을 모두 삼켜 버리니, 산호(珊瑚)의 가지가 드러나는군요." 언계는 긍정하였다.(遂之育王見偃溪, 入室掌藏鑰. 一日溪擧:"譬如牛過窓櫺, 頭角四蹄都過了, 因甚尾巴過不得?" 師劃然有省答曰:"鯨吞海水盡, 露出珊瑚枝." 溪可之.) 오조법연(五祖法演)이 이 말을 했다는 기록은 찾아볼 수 없다.

217

五祖曰: "譬如水牯牛過窗櫺, 頭角四蹄都過了, 因甚麼, 尾巴過不得?"

[군소리]

꿈속에서 오조를 만났는데, 다리가 어깨에 붙어 있고 팔이 엉덩이에 붙어 있더라.

[무문의 말]

만약 이 말 속의 망상(妄想)[520]을 바른 안목으로 바라보고 한마디 알맞은 말을 할 수 있다면, 위로는 네 가지 은혜[521]에 보답하고 아래로는 삼계(三界)[522]에 보탬이 될 것이다.

만약 아직 그렇지 못하다면, 다시 꼬리에 관심을 두어야만[523] 할 것이다.[524]

---

520) 전도(顚倒) : ①(상하, 전후의 위치가) 뒤바뀌다. 뒤집히다. 전도흑백(顚倒黑白), 전도시비(顚倒是非)는 고의로 사실을 왜곡한다는 뜻. ②뒤섞여서 어수선하다. 착란(錯亂)하다. ③(불교에서) 세계의 실상을 보지 못하고 망상을 진실이라고 잘못 아는 것. 번뇌망상의 다른 이름.

521) 사은(四恩) : 네 가지 은혜. ①부모 · 국왕 · 중생 · 삼보(三寶)의 은혜. ②부모 · 사장(師長) · 국왕 · 시주(施主)의 은혜.

522) 삼유(三有) : trayo-bhava. 유(有)는 존재한다는 뜻으로 욕유(欲有) · 색유(色有) · 무색유(無色有). 삼계(三界)와 같음.

523) 조고(照顧) : ①조심하다. 주의하다. =유심(留心). ②관심을 두다. 돌보다. ③처리하다. 뒷바라지하다. ④비추다. 비추어 보다.

524) 수(須)-시득(始得) : 마땅히 -해야만 한다.

無門曰："若向者裏顚倒, 著得一隻眼, 下得一轉語, 可以上報四恩下資三有. 其或未然, 更須照顧尾巴始得."

[군소리]
꿈속에 집에 불이 나 집이 몽땅 탔는데, 손해인가? 이익인가?

[무문의 송]
창문을 통과하면 구덩이에 떨어지고
되돌아가면 도리어 부서질 것이다.
이 조그만[525] 꼬리란 놈이
실로[526] 매우 기괴(奇怪)하구나!

頌曰："過去墮坑塹, 回來卻被壞. 者些尾巴子, 直是甚奇怪."

[군소리]
꿈속에서 친구에게 돈을 빌려 주었는데, 언제 받을 수 있을까?

[총평]
지나간 것을 의심치 말고
못 지나간 걸 고민치 마라.

---

525) 사(些) : 조금. 약간.
526) 직시(直是) : 그야말로. 전혀. 정말. 실로.

소가 지나가든 못 지나가든
너와 무슨 상관이 있느냐?

제39칙 운문의 말에 말려듦 雲門話墮

[고칙]

운문문언(雲門文偃)에게 어떤 승려가 물었다.

"밝은 빛이 고요히 온 세상을 비추니…"527)

한 구절이 채 끝나지도 않았는데, 운문이 갑자기 말했다.

"그것은 장졸수재(張拙秀才)의 말이 아닌가?"

승려가 말했다.

"맞습니다."

운문이 말했다.

"말 속에 말려들었528)구나!"523)

---

527) 장졸(張拙) 수재(秀才)가 처음에는 선월(禪月) 선사의 지도 하에 있다가 석상경
제(石霜慶諸) 선사를 찾아뵈었다. 그때 석상 선사가 묻기를, "그대의 성은 무
엇인가?"라고 하자, "성은 장(張)이고 이름은 졸(拙)입니다."라고 대답했다. 이
에 석상 선사가 "교묘함(巧)을 찾아도 얻을 수 없는데 졸렬함(拙)이 어떻게 왔는
가?"라고 말하자 깨달은 바가 있어, 다음과 같은 게송을 지었다. "밝은 빛이 고
요히 온 세상을 비추니,/ 범부, 성인, 일체중생이 모두 나일세./ 한 생각도 일으
키지 않으면 전체가 드러나니,/ 육근이 조금만 움직여도 구름에 가려지네./ 번
뇌를 끊으려 하면 거듭 병이 더해지고,/ 진여에 나아감도 또한 삿된 것일세./
세상의 인연 따라 막힘이 없으면,/ 열반과 생사도 허공의 꽃이로다."(光明寂照
徧河沙, 凡聖含靈共我家. 一念不生全體現, 六根纔動被雲遮. 斷除煩惱重增病,
趣向眞如亦是邪. 隨順世緣無罣碍, 涅槃生死是空花.)

528) 화타(話墮): 타언구중(墮言句中)과 같이 말 속에 떨어졌다. 즉 말 속으로 말려
들어 갔다는 뜻. 말의 뜻 속으로 말려들어 감으로써 본지(本旨)를 잃은 것을 가

"말속에 말려들었[524]구나!"[529]

후에 황룡사심(黃龍死心)[530]이 이 이야기를 들어 말했다.

"말해 보라. 어디가 이 승려가 말 속에 말려든 곳인가?"[531]

리킨다. 즉, 분별에 머물러 있다는 말.

529) 『오등회원(五燈會元)』 제15권 '소주운문산광봉원문언선사(韶州雲門山光奉院文偃禪師)'에는 다음과 같이 되어 있다 : 운문이 승려에게 물었다. "밝은 빛이 온 우주를 고요히 비추니, 이것은 장졸수재의 말이지 않느냐?" 승려가 말했다. "그렇습니다." 운문이 말했다. "말에 말려들었구나."(問僧: "光明寂照遍河沙, 豈不是張拙秀才語?" 日: "是." 師日: "話墮也.") 『운문광진선사광록(雲門匡眞禪師廣錄)』 중권(中卷)에도 동일한 내용이 기록되어 있다.

530) 황룡사심(黃龍死心: 1043-1114) : '사심오신(死心悟新)'으로 알려져 있다. 임제종 황룡파(黃龍派). 호는 사심(死心). 속성은 황씨(黃氏). 경력(慶曆) 3년 2월 29일 태어남. 광동성 곡강(曲江)의 사람. 불타원덕수(佛陀院德修)에서 축발진구(祝髮進具; 머리를 깎고 구족계를 받음)하였다. 여러 지방을 유력하다가 희령(熙寧) 8년(1075) 황룡사에 이르러 회당조심(晦堂祖心)을 알현하고 인가증명(印可證明)을 받아 법을 잇고, 황룡(黃龍)으로 분좌(分座)를 받게 되었다. 뒤에 여러 지역을 유력하고 원우(元祐) 7년 (1092) 운암(雲巖)에서 세상 교화에 나서고, 소성(紹聖) 4년(1097) 취암(翠巖)에 이르렀고, 정화(政和; 1111-1118)의 초기에 황룡(黃龍)에 거주하였다. 정화 4년 12월 14일 시적하였다. 세수는 72세. 법랍은 46세였다. 『보등록(普燈錄)』에는 시적한 해가 정화 5년으로 나와 있고 세수도 맞지 않다.

531) 『속전등록(續傳燈錄)』 제33권 '수주대홍노납조증선사(隨州大洪老衲祖證禪師)'에 이 대화가 다음과 같이 나온다 : 어떤 승려가 물었다. "운문이 승려에게 묻기를 '밝은 빛이 온 우주를 고요히 비추니, 이것은 장졸수재의 말이지?'라고 하니 승려가 '그렇습니다.'라고 답했는데, 운문은 말하기를 '말에 말려들었구나.'라고 하였습니다. 어느 곳이 이 승려가 말에 말려든 곳입니까?" 조증(祖證) 선사가 말했다. "메기가 대나무 장대를 오르는구나."(僧問: "雲門問僧: '光明寂照遍河沙, 豈不是張拙秀才語?' 僧云: '是.' 門云: '話墮也.' 未審那裏是這僧話墮處?" 師日: "鮎魚上竹竿.") 메기가 매끄러운 대나무 장대를 올라간다는 말은 벼

222

雲門, 因僧問: "光明寂照遍河沙." 一句未絶, 門遽曰: "豈不是張拙秀才
語?" 僧云: "是." 門云: "話墮也." 後來死心, 拈云: "且道. 那裏是者僧話
墮處?"

[군소리]

그 승려는 장졸수재의 말에 말려들었는가? 운문의 말에 말려들
었는가? 자기의 말에 말려들었는가? "맞습니다."도 말이고, "아닙
니다."도 말이고, "어디가 말 속에 말려든 곳인가?"도 말이다. 말
에서 벗어난 곳은 어디인가?

[무문의 말]

만약 여기에서 운문의 활용함[532]이 홀로 우뚝함[533]을 볼 줄 알
고, 이 승려가 어째서 말에 말려들었는지를 알 수 있다면, 인간과
천상의 스승[534]이 될 만하다.

만약 아직 분명하지 않다면, 스스로도 구제하지 못할 것이다.

無門曰: "若向者裏見得, 雲門用處孤危, 者僧因甚話墮, 堪與人天爲師.
若也未明, 自救不了."

슬에 오르기가 매우 어려움을 비유한 말이다.

532) 용처(用處) : 쓰는 곳. 쓸모. 쓰는 것. 활용하는 것. 작용하는 것.

533) 고위(孤危) : ①홀로 우뚝한. ②외로운(↔염섬(廉纖)). ③엉성한.

534) 인천사(人天師) : 인간세계와 하늘세계에 사는 사람과 신령 등 여러 중생들을
교화하는 스승. 즉, 부처님.

[무문의 송]

급류에 낚시를 드리우니

미끼를 탐내는 놈이 덥석 무네.

입[535]을 열자마자

목숨[536]을 잃어버린다.

[군소리]

안다면 말려든 것이고, 본다면 속은 것이다. 아는 것 없이 알고 보는 것 없이 본다고 하여도 아직 꿈속에 있다. 꿈에서 깨어나야 비로소 의심할 바 없이 명백할 것이다.

　頌曰: "急流垂釣, 貪餌者著. 口縫纔開, 性命喪卻."

[군소리]

그렇다고 입을 다물고 있다면, 이미 죽은 놈이다.

[총평]

말에 말려들면 눈뜨고 꿈꾸는 거고

말려들지 않으면 꿈 깨는 꿈이다.

---

535) 구봉(口縫) : 입. 양편피(兩片皮)와 같은 뜻. 입을 다물면 두 입술을 꿰맨 것처럼 보이기 때문에 구봉(口縫)이라 한다.

536) 성명(性命) : 목숨. 생명.

224

말해도 말이 없고 말없이 말을 해야
비로소 꿈속에서 깨어 있을 것이다.

제40칙 물병을 넘어뜨리다 趯倒淨瓶

[고칙]

위산(潙山)[537]은 처음에 백장(百丈)의 회상에서 전좌(典座)[538]를 맡고 있었다. 백장이 장차 대위산(大潙山)의 주지(住持)를 선발하려고 수좌(首座)와 함께 위산을 불러 놓고서 대중에게 말했다.

"격식(格式)을 벗어난 사람이 갈 수 있다."

---

537) 위산영우(潙山靈祐) : 771-853. 속성은 조씨(趙氏)이고, 복건성(福建省) 복주(福州)의 장계(長溪) 출신이다. 위산에 머물렀기 때문에 위산영우라 일컬어졌다. 제자 앙산혜적(仰山慧寂)과 함께 선풍(禪風)을 크게 드날렸기 때문에 그 법계(法系)를 위앙종(潙仰宗)이라 하고, 위산을 종조(宗祖)라 한다. 15세에 출가하여 절강성(浙江省) 항주(杭州)의 용흥사(龍興寺)에서 경율을 배웠고, 강서성(江西省) 홍주(洪州)의 백장회해(百丈懷海)의 문하에 출입하여 그 법을 이었다. 같은 문하에 황벽이 동년배로 있었고, 함께 선계(禪界)에서 명성을 떨쳤다. 위산은 호남성(湖南省) 담주(潭州)의 대위산(大潙山)에 주석하면서 종풍을 거양(擧揚)하였고, 수많은 용상(龍象)들을 배출하였다. 입실(入室) 제자만도 41명이나 된다고 하며, 그 가운데서도 앙산혜적은 특히 빼어났고, 이외에도 향엄지한(香嚴智閑)·연경법단(延慶法端)·경산홍연(徑山洪諲)·영운지근(靈雲志勤)·왕경초상시(王敬初常侍) 등의 빼어난 인물들이 있었다. 대중(大中) 7년 정월 9일에 입적하였다. 시호는 대원(大圓)선사이다. 그의 가르침은 『위산경책(潙山警策)』(1권)에 수록되어 있으며, 『담주위산영우선사어록(潭州潙山靈祐禪師語錄)』(1권)도 있다. 그의 전기는 『조당집』권16·『송고승전』권2·『연등회요』권7·『오등회원』권9·『불조역대통재』권16·『석씨계고략』권3 등에 실려 있다.

538) 전좌(典座) : 6지사(知事)의 하나. 선원에서 중승(衆僧)의 방실(房室)·이부자리·음식 등을 담당하는 소임.

백장이 드디어 물병[539]을 집어 땅 위에 놓고는 물었다.

"물병이라고 불러서는 안 된다. 자네는 무엇이라고 부를 것인가?"

수좌가 이에 말했다.

"나무 막대기라고 부를 수도 없습니다."

백장이 이번에는 위산에게 물었다. 그러자 위산은 물병을 발로 차서 넘어뜨리고는 나가 버렸다. 백장이 웃으며 말했다.

"제일좌(第一座)[540]가 산자(山子)[541]에게 졌구나."[542]

그리하여 위산에게 명하여 개산(開山)[543]하게 하였다.[544]

潙山和尙, 始在百丈會中, 充典座. 百丈將選大潙主人, 乃請同首座, 對衆下語: "出格者可往." 百丈遂拈淨瓶, 置地上, 設問云: "不得喚作淨瓶. 汝喚作甚麼?" 首座乃云: "不可喚作木楬也." 百丈卻問於山, 山乃趯倒淨瓶而去. 百丈笑云: "第一座輸卻山子也." 因命之爲開山.

---

539) 정병(淨甁): 출가사문의 용구(用具)로 손 등을 씻을 물을 담아 두는 병.

540) 제일좌(第一座): 수좌(首座).

541) 산자(山子): 위산영우(潙山靈祐)의 호(號)로 보인다.

542) 수(輸): (게임에서) 지다. 패하다. 잃다. ↔영(贏).

543) 개산(開山): 절을 창건함, 또는 창건한 승려. 예전에는 산골을 개척하여 집을 지었으므로 개산이라 하였으나, 후세에는 한 종파의 창설자도 개조(開祖) 또는 개산이라 함.

544) 『경덕전등록』 제9권 '담주위산영우선사(潭州潙山靈祐禪師)'에 이 이야기가 실려 있다.

[군소리]

깨달음이 있으면 깨달음이 아니고, 부처가 있으면 부처가 아니다.

[무문의 말]

위산이 한때 용기를 내었지만, 백장이 만든 함정[545]에서 빠져나가지[546] 못하였으니[547] 어찌하리오?

자세히 살펴보면,[548] 무거움은 편하게 여기면서 가벼움은 편하게 여기지 않았다.

무슨 까닭인가?

무슨 까닭인가?

머리의 두건[549]을 벗고서 쇠칼[550]을 짊어졌기 때문이다.

無門曰: "潙山一期之勇, 爭奈跳百丈圈圚不出? 檢點將來, 便重不便輕.

---

545) 권괴(圈圚) : 얽어맴. 속박함. 올가미. 함정. =권궤(圈▓).

546) 도출(跳出) : 뛰어 나가다. 빠져나가다. 벗어나다.

547) 백장이 만든 함정이란 곧 위산(潙山)의 주지(住持)로 임명한 것을 가리킨다. 백장의 시험에 의하여 위산의 주지로 가지 않을 수 없는 처지를 가리키는 말.

548) 검점(檢點) : ①점검(點檢)하다. 자세히 살펴보다. ②신중히 하다. 단속하여 준칙에 맞게 하다.

549) 반두(盤頭) : 머리를 싸맨 두건. 여기에선 영우가 전좌의 직을 수행하는 것을 이르는 말. 삭발한 머리에 두건을 쓰고 주방에서 일하는 모습을 가리킨다.

550) 철가(鐵枷) : 쇠로 만들어 죄인의 목에 씌워 움직이지 못하게 하는 형틀. 여기에선 위산의 주지직을 가리키는 말. 철가는 보통 나무로 만드나 여기에서 쇠로 만들었다고 한 것은 주지의 직무가 그만큼 큰 책임과 부담이 있는 것임을 나타낸다.

何故聾? 脫得盤頭, 擔起鐵枷."

[군소리]
이미 가벼움과 무거움에서 벗어났는데, 어찌 함정에 빠졌다고
하겠는가?

[무문의 송]
조리와 나무국자를 내버려 두고[551]
즉시[552] 한 번 돌파하여 시끄러운 말[553]을 끊었네.
백장의 겹겹 관문도 가로막지[554] 못하니
발끝에서 뛰쳐나오는 부처가 삼대[555] 같구나.

頌曰: "颺下笊籬幷木杓, 當陽一突絕周遮. 百丈重關攔不住, 脚尖趯出
佛如麻."

[군소리]
절벽에 매달려 손을 놓아야 비로소 대자유를 누릴 것이다.

---

551) 양(颺) : ①내던지다. 던져 넣다. ②방치하다. 내버려 두다. 조리와 나무국자를
    내버려 둔다는 것은 위산이 전좌의 직을 수행하였기 때문에 하는 말이다.
552) 당양(當陽) : 당장(當場). 당하(當下). 즉시(卽時).
553) 주차(周遮) : 말이 많다. 되풀이하여 말하다. 시끄럽게 떠들다.
554) 난주(攔住) : 가로막다. 차단하다.
555) 마(麻) 즉 삼대는 빽빽하게 솟아나기 때문에 빽빽하고 많다는 뜻.

229

[총평]
물병을 발로 찰 것이 아니라
물병으로 수좌의 입을 때리고,
백장 앞에 뒤집어엎어 놓았어야
수좌와 백장을 모두 응징했을 텐데.

제41칙 달마, 마음을 편하게 하다 達磨安心

[고칙]

달마가 벽을 마주하고 앉아 있는데, 이조(二祖)가 눈 속에 서서 팔을 끊고 말했다.

"저의 마음이 아직 편안하지 않습니다. 스님께서 마음을 편안하게 해 주십시오."

달마가 말했다.

"마음을 가지고 오너라. 너를 편안하게 해 주겠다."

이조가 말했다.

"마음을 찾아보았지만, 찾을 수가 없습니다."

달마가 말했다.

"너의 마음을 편안하게 해 주었구나."[556]

達磨面壁, 二祖立雪斷臂云:"弟子心未安. 乞師安心." 磨云:"將心來, 與汝安." 祖云;"覓心, 了不可得." 磨云:"爲汝安心竟."

[군소리]

있으면 불편하고 없으면 편하며, 알면 막히고 모르면 통한다.

---

556) 『조당집』과 『전등록』에 모두 나오는 내용. 자세한 내용은 뒤의 [참고]를 보라.

[무문의 말]

이빨 빠진 늙은 오랑캐가 십만 리를 항해하여 일부러[557] 왔으니, 바람 없는 곳에서 물결을 일으킨다고[558] 할 만하다.

마지막에 제자 한 사람을 얻었으나, 도리어 육근을 갖추지 못했다.[559]

쯧쯧![560]

문자도 읽지 못하는 무식한 놈이로다![561]

無門曰: "缺齒老胡, 十萬里航海, 特特而來. 可謂是無風起浪. 末後接得一箇門人, 又卻六根不具. 咦! 謝三郎不識四字!"

---

557) 특특(特特) : =특지(特地). ①일부러. 특별히. 각별히. ②갑자기. 문득. ③도리어. ④단지 - 뿐. ⑤더하다.

558) 무풍기랑(無風起浪) : 바람 없는 곳에서 물결을 일으킨다. 평지풍파를 일으키다. 생트집을 잡다. 공연히 시비를 걸다.

559) 팔이 하나 없다는 뜻.

560) 이(咦) : ①주의를 주거나 꾸짖을 때에 내는 고함소리. ②웃는 모습. 웃다. ③한숨을 쉬다. 휴! ④감탄사. 아! ⑤비웃음이나 경멸을 나타내는 소리. 쯧쯧! ⑥희망이나 놀라움을 나타내는 감탄사. 오!

561) 사삼랑불식사자(謝三郎不識四字) : 사씨네 셋째 아들은 네 글자도 모른다. 세상 사람 누구나 다 아는 것도 모르는 일자무식을 표현한 중국 속담. 사삼랑은 아무개라는 뜻으로 배움이 없는 사람을 가리키는 말이고, 사자(四字)는 개원통보(開元通寶)와 같이 동전의 표면에 새겨진 네 글자인 전문(錢文)을 말한다. 여기의 뜻은 말귀도 알아듣지 못하는 어리석은 사람이라는 것으로서, 달마가 일으킨 평지풍파는 도리어 세상을 구제하는 큰일이었고, 팔이 하나 없는 혜가는 도리어 세계의 실상을 온전히 볼 수 있는 안목을 얻었다는 숨은 뜻을 모르면 안 된다는 말.

232

[군소리]

바람 없는 곳에서 물결을 일으켜야, 비로소 물결이 본래 물인 줄 알
수 있다.

[무문의 송]

서쪽에서 와서 곧바로 가리켜

부촉하는[562) 바람에 일이 벌어졌으니,

총림(叢林)을 소란하게 한[563) 것은

원래 당신이로구나!

頌曰: "西來直指, 事因囑起. 撓聒叢林, 元來是爾."

[군소리]

가리키지 않으면 깨달을 수 없고, 시끄럽게 하지 않으면 잠을
깨울 수 없다.

[총평]

---

562) 부촉(付囑) : 부촉(付囑)이라고도 함. 다른 이에게 부탁함. 부처님은 설법한 뒤
에 청중 가운데서 어떤 이를 가려내어 그 법의 유통(流通)을 촉탁하는 것이 상
례(常例). 이것을 부촉·촉루(囑累)·누교(累敎) 등이라 함. 경문 가운데서 부촉
하는 일을 말한 부분을 「촉루품(囑累品)」, 또는 부촉단(付囑段)이라 하니, 흔히
경의 맨 끝에 있음.

563) 요괄(撓聒) : 시끄럽게 떠들다. 왁자지껄하다. 소란을 피우다.

아픈 마음을 찾을 수 없다고
과연 마음이 편안해질까?
있다 없다는 분별을 벗어나야
편안한 마음조차 없을 것이다.

[참고]

① 『조당집』 제2권 '제이십팔조보리달마화상(第二十八祖菩提達摩和
尙)'의 앞뒤 기록은 다음과 같다.

달마 대사가 이미[564] 동경(東京)에 이르렀는데, 그곳에 신광(神
光)이라는 이름의 승려가 있었다. 그는 예전에 낙양(洛陽)에서 오
래도록 노자(老子)와 장자(莊子)의 가르침을 전하다가, 나이가 40
이 넘어서야 달마를 만나 예의를 갖추어 스승으로 모셨다. 소림사
(少林寺)에 도착한 이래 매번 달마에게 질문하였지만, 달마는 전혀
말해 주지 않았다. 이에 스스로 탄식하며 말했다.

"옛사람은 법을 구하려고 뼈를 치고 골수를 빨아내었고,[565] 바
늘로 손을 찔러 피를 흘려 그림을 그렸고, 머리를 펼쳐서 진흙을
가리었고, 절벽에서 뛰어내려 호랑이의 먹이가 되었다. 옛날 사람
들도 이러한데, 하물며 내가 무엇을 아끼겠는가?"

---

564) 자(自) : (시간부사) 이미. 벌써.
565) 고골취수(敲骨取髓) : =고골흡수(敲骨吸髓). 뼈를 치고 골수를 빨다. 피땀을 짜
   내다. 고혈을 짜내다. 잔혹하게 착취하다.

234

그때가 태화(太和) 10년[566] 12월 9일이었는데, 법을 구하기 위하여 밤새도록 서 있으니 눈이 내려 허리에 닿았다. 날이 새자 달마가 보고서 물었다.

"그대는 눈 속에 서서 무엇을 구하느냐?"

신광은 눈물을 흘리며 슬피 울면서 말했다.

"오로지 스님께서 감로법문(甘露法門)을 열어서 널리 중생을 구해 주시기를 원할 따름입니다."

달마가 말했다.

"모든 부처님의 위없는 깨달음은 오래도록 수행해야 한다. 그대는 작은 뜻을 가지고 큰 법을 구하니 끝내 얻을 수 없을 것이다."

신광은 이 말을 듣고서 곧 날카로운 칼을 꺼내어 자기의 왼팔을 잘라 달마의 앞에 놓았다. 이에 달마가 신광에게 말했다.

"모든 부처님과 보살이 법을 구함에 몸을 몸으로 여기지 않고 목숨을 목숨으로 여기지 않았다. 그대는 팔을 끊어서 법을 구하려 하니, 그만하면 되었다."

이윽고 신광이라는 이름을 혜가(惠可)로 바꾸어 주었는데, 혜가가 다시 물었다.

"스님께서 마음을 편안하게 해 주십시오."

달마가 말했다.

"마음을 가져오너라. 그대의 마음을 편안하게 해 주겠다."

혜가가 말했다.

---

566) 태화(太和)는 북위(北魏) 효문제(孝文帝)의 연호. 태화 10년은 서기 486년임.

"마음을 찾아도 찾을 수 없습니다."

달마가 말했다.

"찾았다면, 어찌 그대의 마음이겠느냐? 그대의 마음을 편안하게 해 주었다."

이어서 달마가 혜가에게 말했다.

"그대를 위하여 마음을 편안하게 해 주었는데, 그대는 지금 알겠느냐?"

혜가는 말을 듣고서 곧 크게 깨달았다. 혜가가 달마에게 여쭈었다.

"오늘 비로소567) 모든 법이 전부 본래 텅 비고 고요함을 알았습니다. 오늘 비로소 보살이 멀리 있지 않음을 알았습니다. 이 까닭에 보살은 생각하지 않고 일체지(一切智)568)의 바다에 이르고, 생각하지 않고 지혜의 언덕을 오르는군요."

달마가 말했다.

"그렇다! 그렇다!"

혜가가 다시 말했다.

"스님! 이 법은 문자로 기록되어 있습니까?"

달마가 말했다.

---

567) 내(乃) : 비로소. 겨우.

568) 살바야(薩婆若) : 산스크리트 sarva-jna를 음역한 것이다. 일체지(一切智)라고 한역한다. 이것은 모든 것을 아는 사람 또는 일체의 지혜를 갖춘 자, 전지자(全智者)를 의미하므로 곧 부처님을 가리킨다.

"나의 법은 마음에서 마음으로 전하고 문자를 세우지 않는다."

大師自到東京, 有一僧名神光. 昔在洛中久傳莊老, 年逾四十, 得遇大師, 礼事爲師. 從至少[小]林寺, 每問於師, 師並不言說. 又自歎曰: "古人求法, 敲骨取髓, 刺血圖像, 布髮掩泥, 投崖飼虎. 古尙如此, 我何惜焉?" 時太[大]和十年十二月九日, 爲求法故, 立經于夜, 雪乃齊腰. 天明, 師見, 問曰: "汝在雪中立, 有如何所求耶?" 神光悲啼泣淚而言: "唯願和尙開甘露門, 廣度群品." 師云: "諸佛無上菩提, 遠劫修行. 汝以小意而求大法, 終不能得." 神光聞是語已, 則取利刀, 自斷左臂, 置於師前. 師語神光云: "諸佛菩薩求法, 不以身爲身, 不以命爲命. 汝雖斷臂, 求法亦可在." 遂改神光名爲惠可, 又問: "請和尙安心." 師曰: "將心來, 与汝安心." 進曰: "覓心了, 不可得." 師曰: "覓得, 豈是汝心? 与汝安心竟." 達摩語惠可曰: "爲汝安心竟, 汝今見不?" 惠可言下大悟. 惠可白和尙: "今日乃知一切諸法本來空寂, 今日乃知菩薩不遠. 是故菩薩不動念, 而至薩般{婆}若海; 不動念而登涅槃岸." 師云: "如是, 如是!" 惠可進曰: "和尙! 此法有文字記錄不?" 達摩曰: "我法以心傳心, 不立文字."

② 『경덕전등록』 제3권 '제이십팔조보리달마(第二十八祖菩提達磨)'의 기록은 다음과 같다.

숭산(嵩山)의 소림사(少林寺)에 머물면서 벽을 바라보고 앉아 종일 말이 없으니, 사람들이 헤아리지 못하고 말하기를 벽관바라문

(壁觀婆羅門)이라고 하였다. 그때 신광(神光)이라는 승려가 있었는데, 여러 가지를 널리 공부한 사람이었다. 오래도록 이락(伊洛)[569] 지방에 머물면서 여러 가지 책을 두루 보고 현묘한 이치를 잘 논하였지만, 매번 탄식하며 말했다.

"공자(孔子)와 노자(老子)의 가르침은 예법(禮法)과 풍규(風規)요, 장자(莊子)와 주역(周易)은 묘한 도리를 다 밝히지 않았다. 요즈음 들으니 달마대사(達摩大師)가 소림사에 머물고 있다고 한다. 지인(至人)이 멀리 있지 않으니, 마땅히 현묘한 경지를 찾아가 보아야 하겠다."

드디어 그곳으로 가서 아침저녁으로 찾아뵙고 받들었으나, 달마는 늘 단정하게 앉아 벽만 바라보고 있을 뿐, 애써 가르치려 하지 않았다. 신광은 스스로 생각하였다.

"옛사람들은 법을 구하려고 뼈를 치고 골수를 빨아내었고, 바늘로 손을 찔러 피를 흘려 배고픈 짐승에게 먹였고, 머리를 펼쳐서 진흙을 가리었고, 절벽에서 뛰어내려 호랑이의 먹이가 되었다. 옛날 사람들도 이러한데, 하물며 나는 또 어떤 사람인가?"

그해 12월 9일 밤에 하늘에서 큰 눈이 내렸는데, 신광은 눈 속에 서서 움직이지 않았다. 아침이 되자 눈이 무릎을 넘어 쌓였는

---

569) 이락(伊洛) : 이수(伊水)와 낙수(洛水) 두 강을 아울러 이르는 말. 이수(伊水)는 하남성(河南省) 웅이산(熊耳山)에서 발원하여 이양(伊陽)과 낙양(洛陽)을 거쳐 낙수(洛水)로 흘러든다. 낙수(洛水)는 섬서성(陝西省)에서 발원하여 하남성(河南省)으로 흐르는 강.

데, 달마가 불쌍히 여겨 물었다.

"그대는 오래도록 눈 속에 서서 무엇을 구하는가?"

신광이 울면서 말했다.

"오직 스님께서 자비를 베풀어 감로법문을 열어서 중생을 널리 구제하시기를 바랄 뿐입니다."

달마가 말했다.

"모든 부처님의 위없는 묘한 깨달음은 무한히 오랜 세월 노력을 하여도 잘 행하기가 어렵고 견뎌 낼 수가 없는데, 어찌 작은 덕과 작은 지혜와 경솔한 마음과 오만한 마음을 가지고 진리를 바라려고 하느냐? 헛되이 고생만 할 뿐이다."

신광은 달마의 말을 듣고서 몰래 날카로운 칼을 꺼내어 스스로 왼쪽 팔을 잘라서 달마의 앞에 놓았다. 달마는 그가 법을 담을 만한 그릇임을 알고서 말했다.

"모든 부처님이 처음에 법을 구할 때는 법을 위하여 몸을 잊었다. 그대가 지금 팔을 잘라 내 앞에 놓았으니, 법을 구할 만하다."

달마는 이윽고 신광의 이름을 혜가(慧可)로 바꾸었다. 신광이 말했다.

"모든 부처님의 법의 도장[570]을 말씀해 주실 수 있습니까?"

달마가 말했다.

---

570) 법인(法印) : Dharma-mudrā. 교법의 표시. 인(印)은 인신(印信)·표장(標章)이란 뜻. 세상의 공문에 인장을 찍어야 비로소 정식으로 효과를 발생하는 것과 같다. 3법인·4법인 등이 있어, 외도(外道)의 법과 다른 것을 나타냄.

"모든 부처님의 법의 도장은 남에게서 얻는 것이 아니다."

신광이 말했다.

"저의 마음이 아직 편안하지 못합니다. 스님께서 편안하게 해
주십시오."

달마가 말했다.

"마음을 가져오너라. 그대를 편안하게 해 주겠다."

신광이 말했다.

"마음을 찾아보았으나, 찾을 수 없습니다."

달마가 말했다.

"내가 그대의 마음을 편안하게 해 주었다."

寓止于嵩山少林寺, 面壁而坐終日默然, 人莫之測, 謂之壁觀婆羅門. 時
有僧神光者, 曠達之士也. 久居伊洛, 博覽群書, 善談玄理, 每歎曰: "孔老
之教, 禮術風規, 莊易之書, 未盡妙理. 近聞, 達磨大士, 住止少林. 至人
不遙, 當造玄境." 乃往彼晨夕參承, 師常端坐面牆, 莫聞誨勵. 光自惟曰:
"昔人求道, 敲骨取髓, 刺血濟饑, 布髮掩泥, 投崖飼虎. 古尚若此, 我又何
人?" 其年十二月九日夜, 天大雨雪, 光堅立不動. 遲明積雪過膝, 師憫而問
曰: "汝久立雪中, 當求何事?" 光悲淚曰: "惟願和尙慈悲, 開甘露門, 廣度
群品." 師曰: "諸佛無上妙道, 曠劫精勤, 難行能行, 非忍而忍, 豈以小德小
智輕心慢心, 欲冀眞乘? 徒勞勤苦." 光聞師誨勵, 潛取利刀, 自斷左臂, 置
于師前. 師知是法器, 乃曰: "諸佛最初求道, 爲法忘形. 汝今斷臂吾前, 求
亦可在." 師遂因與易名曰慧可. 光曰: "諸佛法印, 可得聞乎?" 師曰: "諸佛

240

法印，匪從人得."光曰："我心未寧．乞師與安."師曰："將心來．與汝安."
曰："覓心了，不可得."師曰："我與汝安心竟."

제42칙 여자가 선정에서 나오다 女子出定

[고칙]

예전에 문수(文殊)[571]가 여러 부처님이 모인 곳에 이르자, 그때 여러 부처님은 각자의 본래 처소로 돌아가셨다. 그런데 오직 한 여인만이 저 부처님의 가까이에 앉아서 삼매에 들어 있기에 문수가 부처님께 여쭈었다.

"어찌하여 저 여인은 부처님 가까이 앉을 수가 있는데, 저는 그러지 못합니까?"

부처님께서 말씀하셨다.

"그대가 이 여인을 깨워 삼매에서 일어나게 하여, 그대 스스로 물어보아라."

문수가 여인 주위를 세 번 돌고는 손가락을 한 번 튕기고, 나아

---

571) 문수(文殊)∶Mañjuśrī. 문수보살(文殊菩薩). 대승 보살. 구역(舊譯)에서는 문수사리(文殊師利)·만수시리(滿殊尸利)라 하고, 신역(新譯)에서는 만수실리(曼殊室利)라 한다. 묘덕(妙德)·묘수(妙首)·보수(普首)·유수(濡首)·경수(敬首)·묘길상(妙吉祥) 등으로도 번역된다. 문수(文殊) 혹은 만수(曼殊)는 묘(妙)의 뜻, 사리(師利) 혹은 실리(室利)는 두(頭)·덕(德)·길상(吉祥)의 뜻. 보현보살과 짝하여 석가모니불의 보처로서 왼쪽에 있어 지혜를 맡고 있다. 머리에 5계(髻)를 맺은 것은 대일(大日)의 5지(智)를 표시한다. 오른손에는 지혜의 칼을 들고, 왼손에는 꽃 위에 지혜의 그림이 있는 청련화를 쥐고 있다. 사자를 타고 있는 것은 위엄과 용맹을 나타낸 것. 이 보살은 석존의 교화를 돕기 위하여 일시적인 권현(權現)으로 보살의 자리에 있다고도 한다.

가 범천(梵天)[572]에까지 밀고 올라가[573] 그의 신통력을 다 부려 보았으나 삼매에서 나오게 할 수 없었다.

세존께서 말씀하셨다.

"설사 백 명 천 명의 문수라도 이 여인을 선정에서 나오게 할 수 없을 것이다. 아래쪽으로 십이억 항하사(恒河沙)[574] 국토를 지나면 망명보살(罔明菩薩)[575]이 있는데, 그가 이 여인을 선정에서 나오게 할 수 있을 것이다."

잠깐 사이에 망명보살이 땅에서 솟아나 세존께 절을 하였다. 세존께서 망명에게 명하니, 망명보살이 여인 앞에 가서 손가락을 한 번 튕기자 여인이 이에 선정에서 나왔다.[576]

世尊, 昔因文殊至諸佛集處, 値諸佛各還本處. 惟有一女人, 近彼佛坐入

---

572) 범천(梵天) : brahma-loka. 바라하마천(婆羅賀麼天)이라고도 쓴다. 색계 초선천(初禪天). 범(梵)은 맑고 깨끗하다는 뜻. 이 하늘은 욕계(欲界)의 음욕(淫欲)을 여의어서 항상 깨끗하고 조용하므로 범천이라 한다. 여기에 다시 세 하늘이 있으니 범중천·범보천·대범천이지만, 범천이라 통칭한다.

573) 탁지(托至) : —까지 밀고 올라가다.

574) 항하사(恒河沙) : 항하(恒河)는 강가(Ganga) 즉 갠지스 강의 번역어. 항하사(恒河沙)는 갠지스 강의 모래라는 말로서 무수히 많은 숫자를 뜻한다.

575) 망명보살(罔明菩薩) : 현겁(賢劫) 16존의 한 분으로 금강계만다라(金剛界曼茶羅) 등의 서방 5존 중 북쪽 제2위에 봉안된 보살이다. 밀호(密號)는 방편금강(方便金剛)·보원금강(普願金剛)이라고 한다.

576) 『경덕전등록』 제27권 '제방잡거징념대별어(諸方雜擧徵拈代別語)'에 어떤 승려의 언급으로 불완전한 내용이 나오고, 완전한 내용은 『연등회요(聯燈會要)』 제1권에 나온다.

於三昧, 文殊乃白佛:"云何女人得近佛坐, 而我不得?"佛告文殊:"汝但覺
此女, 令從三昧起, 汝自問之."文殊遶女人三匝, 鳴指一下, 乃托至梵天,
盡其神力, 而不能出. 世尊云:"假使百千文殊, 亦出此女人定不得. 下方過
一十二億河沙國土, 有罔明菩薩, 能出此女人定."須臾罔明大士, 從地湧
出, 禮拜世尊. 世尊敕罔明, 卻至女人前, 鳴指一下, 女人於是, 從定而出.

[군소리]

어리석은 사람 앞에서는 꿈 이야기를 하지 마라. 그가 이야기를
듣고 꿈을 사실이라 여긴다면, 그 허물은 이야기한 당신에게 있다.

[무문의 말]

석가 늙은이가 이 한 바탕 잡극(雜劇)[577]을 연출하였으니 그 솜
씨가 보통이 아니다.[578]

말해 보라. 문수는 일곱 부처의 스승인데 어찌하여 여인을 선정
에서 나오게 하지 못하였으며, 망명은 초지(初地)[579]의 보살인데도

---

577) 잡극(雜劇) : 잡극. 중국 전통 연극의 일종. 송대(宋代)에는 익살과 해학을 위주
로 공연하였다.

578) 불통소소(不通小小) : =부동소소(不同小小). 사소한 일과 같지 않다. 보통이 아
니다. 사소한 일이 아니다.

579) 초지(初地) : 보살이 수행하는 단계인 52위 가운데 10지(地)의 첫 단계인 환희
지(歡喜地). 10지 가운데 처음이란 뜻으로 초환희지(初歡喜地)라고도 함. 보살
이 수행한 결과로 이 자리에 이르면, 진여의 도리의 일부분을 증득하여, 성인의
지위에 올라 다시는 물러나지 않고, 자리이타(自利利他)의 행을 이루어서 마음
에 기뻐함이 많다는 뜻으로 이렇게 이름.

무슨 까닭에 도리어 나오게 할 수 있었는가?

만약 여기에서 뚜렷하게 알아볼 수 있다면, 분별망상[580]이 바쁘게 돌아가는 것이 곧 부처님의 선정(禪定)[581]이다.

無門曰："釋迦老子, 做者一場雜劇, 不通小小. 且道. 文殊是七佛之師, 因甚出女人定不得? 罔明初地菩薩, 爲甚卻出得? 若向者裏, 見得親切, 業識忙忙, 那伽大定."

[군소리]

꿈에서 깨어나 꿈을 꾸어야, 꿈과 깸이 둘이 아닐 것이다.

[무문의 송]

나오게 하든 나오게 하지 못하든

그 사람[582]은 자유(自由)를 얻는다.

귀신 같이 기괴한 몰골이지만[583]

---

580) 업식(業識) : 숙업(宿業)의 인(因)에 의해 감득(感得)한 심식(心識)을 말하는 것
     으로, 범부의 마음을 말한다. 선업·악업에 의해서 초래된 과보로서의 식(識)을
     말한다. 한마디로, 분별하여 업을 짓는 버릇에 물든 중생의 망상심(妄想心). 심
     의식(心意識)과 같은 뜻.

581) 나가대정(那伽大定) : =나가정(那伽定). 나가(那伽)는 용(龍)이라는 뜻이니 부처
     를 가리킴. 나가정은 부처의 선정(禪定).

582) 거농(渠儂) : 그. 그 사람. 그이. 여기에서는 본래의 참사람을 가리킨다.

583) 신두귀면(神頭鬼面) : 기괴한 몰골. 귀신같은 꼴. 꼴불견. =신두귀검(神頭鬼
     臉).

실패[584]도 역시 풍류(風流)로구나.[585]

頌曰: "出得出不得, 渠儂得自由. 神頭并鬼面, 敗闕當風流."

[군소리]

나오게 해도 너의 일이고 나오게 하지 못해도 너의 일인데, 여
인의 일인 줄로 알고 있다면 네가 바로 귀신이다.

[총평]

문수는 나오게 하지 못했고
망명은 단번에 나오게 하였다.
무슨 까닭에 그렇게 되었는가?
그대가 분별하여 헤아리기 때문이지.

---

584) 패궐(敗闕) : 손해보다. 실패하다. 좌절하다. 꺾이다.
585) 나오게 하든 나오게 하지 못하든 본래 다름이 없다는 말.

제43칙 수산의 죽비 首山竹篦

[고칙]

수산성념(首山省念)[586] 화상이 죽비를 들어 대중에게 보이고는 말했다.

"여러분이 만약 죽비라고 부른다면 법(法)에 저촉(抵觸)되는 것이고, 죽비라고 부르지 않으면 사물에 위배(違背)되는 것이다. 여러분은 말해 보라. 무엇이라 부르겠느냐?"[587]

首山和尙, 拈竹篦示衆云: "汝等諸人, 若喚作竹篦則觸, 不喚作竹篦則背. 汝諸人, 且道. 喚作甚麽?"

---

586) 수산성념(首山省念) : 926-993. 오대(五代) 말, 송초(宋初)의 선승. 임제종(臨濟宗). 풍혈연소(風穴延沼)의 법제자. 여주(汝州) 수산(首山) 광교원(廣敎院), 보응원(寶應院) 등에 머물면서 임제(臨濟)의 종풍을 널리 날려서 임제종 발전의 초석을 마련하였다. 문하에 분양선소(汾陽善昭), 섭현귀성(葉縣歸省) 등이 있다. 『여주수산염화상어록(汝州首山念和尙語錄)』 1권을 남겼다.

587) 『연등회요』 제12권 '여주섭현귀성선사(汝州葉縣歸省禪師)'에 다음 이야기가 있다 : 수산성념(首山省念)이 죽비를 들고서 섭현귀성(葉縣歸省)에게 물었다. "죽비라고 부르면 저촉되고, 죽비라고 부르지 않으면 등진다. 무엇이라고 불러야 하겠느냐?" 섭현귀성은 그 말을 듣고서 크게 깨달았다. 이윽고 죽비를 끌어당겨 두 조각으로 부러뜨려 섬돌 아래로 던지고서 말했다. "무엇입니까?" 수산성념이 말했다. "눈이 멀었구나!" 섭현귀성은 곧 절을 올렸다.(首山擧竹篦, 問師云: "喚作竹篦卽觸, 不喚作竹篦卽背. 合喚作甚麽卽得?" 師於言下大悟. 遂掣竹篦, 拗作兩截, 擲于階下卻云: "是甚麽?" 首山云: "瞎!" 師便作禮.)

[군소리]

죽비라고 불러도 저촉될 법이 없고, 죽비라고 부르지 않아도 위배될 사물이 없다.

[무문의 말]

죽비라고 부르면 법에 저촉되고 죽비라고 부르지 않으면 사물에 위배되니, 말을 할 수도 없고 말을 하지 않을 수도 없다.

얼른 말해라! 얼른 말해라!

無門曰: "喚作竹篦則觸, 不喚作竹篦則背, 不得有語, 不得無語. 速道! 速道!"

[군소리]

오랏줄도 없는데 스스로 묶여 버리는 것이 가장 위험하다.

[무문의 송]

죽비를 들어서

죽이고 살리는 명령을 행하는데,

위배와 저촉이 오락가락하니[588]

부처와 조사도 목숨을 비는구나!

---

588) 교치(交馳) : 서로 분주하게 끊임없이 왕래하다.

頌曰: "拈起竹篦, 行殺活令, 背觸交馳, 佛祖乞命."

[군소리]

부처도 아니고 조사도 아니라면, 상관할 일이 없다.

[총평]

죽비라고 할 수도 없고

죽비가 아니라고 할 수도 없다.

그럼 무엇이라고 해야 하는가?

딱!(죽비로 수산을 때림)

제44칙 파초의 주장자 芭蕉拄杖

[고칙]

파초혜청(芭蕉慧淸)[589] 화상이 대중에게 말했다.[590]

"그대가 주장자(拄杖子)[591]를 가지고 있으면 내가 그대에게 주장자를 줄 것이고, 그대가 주장자를 가지고 있지 않으면 내가 그대에게서 주장자를 빼앗을 것이다."[592]

芭蕉和尙, 示衆云:"爾有拄杖子, 我與爾拄杖子. 爾無拄杖子, 我奪爾拄杖子."

[군소리]

원숭이가 손으로 제 눈을 가리고 아무것도 보이지 않으니 제 몸뚱

---

589) 파초혜청(芭蕉慧淸) : 당나라 때의 사람. 위앙종(潙仰宗). 삼국시대의 신라인(新羅人). 남탑광용(南塔光涌)의 법을 이음. 영주(郢州, 호북성)의 파초산(芭蕉山)에 주석하였다. 문하에 파초계철(芭蕉繼徹)을 배출하였다.

590) 시중(示衆) : 여러 사람에게 드러내 보이다. 대중에게 법을 알려 주다. 주지(住持) 혹은 종사(宗師)가 대중에게 법을 말하는 대중설법(大衆說法)을 가리킨다. 법당에 올라 법을 말했다는 상당설법(上堂說法)과 같은 말. 수시(垂示), 교시(敎示)라고도 함.

591) 주장자(拄杖子) : 선승이 행각(行脚)할 때 몸을 의지하는 지팡이. 설법(說法)할 때에도 불자(拂子)와 함께 사용하는 법구(法具)다.

592) 『연등회요』 제11권 '영주파초혜청선사(郢州芭蕉慧淸禪師)'에 이 내용이 나온다.

이를 다 숨긴 줄 아는구나.

[무문의 말]

다리 끊어진 물을 이것에 의지하여 건너, 달도 없는 캄캄한 마을로 이것과 함께 돌아온다.[593]

만약 이것을 주장자라고 부른다면, 쏜살같이 지옥으로 들어가리라.

無門曰:"扶過斷橋水, 伴歸無月村. 若喚作拄杖, 入地獄如箭."

[군소리]

언제나 어디에나 드러나 있는데도 다시 찾으려 하면, 쏜살같이 지

---

593) 청원행사(靑原行思) 문하의 10세손인 영은자각(靈隱慈覺) 선사의 상당법문에 다음의 내용이 있다 : 상당하여 말했다. "해 · 달 · 구름 · 노을은 하늘의 표식(標識)이고, 산 · 강 · 풀 · 나무는 땅의 표식이며, 어질고 현명한 사람을 불러들임은 덕(德)의 표식이고, 한가히 머물며 고요함에 잠김은 도(道)의 표식이다." 주장자를 들고서 말했다. "말해 보라. 이것은 어떤 표식이냐? 알겠느냐? 들면 문채(文彩)가 있고, 내려놓으면 우당탕 부딪힌다. 그럼 들지도 않고 놓지도 않으면, 또 어떠냐?" 잠시 묵묵히 있다가 말했다. "다리 끊어진 물을 이것에 의지하여 건너, 달도 없는 캄캄한 마을로 함께 돌아온다네." 아래를 한 번 내리치고는 법좌에서 내려왔다.(上堂:"日月雲霞爲天標, 山川草木爲地標, 招賢納士爲德標, 閑居趣寂爲道標." 拈拄杖曰:"且道. 這箇是甚麼標? 會麼? 拈起則有文有彩, 放下則磊磊磕磕. 直得不拈不放, 又作麼生?"良久曰:"扶過斷橋水, 伴歸無月村."卓一下下座.)(『오등회원』 제15권 '임안부령은운지자각선사(臨安府靈隱雲知慈覺禪師)')

251

옥으로 들어갈 것이다.

[무문의 송]
여러 곳 공부인들의 깊고 얕음이
모두 손아귀 속에 들어 있으니,
하늘을 받치고 땅을 지탱하면서
가는 곳마다 종풍(宗風)594)을 떨치네!

頌曰: "諸方深與淺, 都在掌握中, 撐天幷拄地, 隨處振宗風."

[군소리]
눈을 뜨고도 꿈을 꾸면 길을 잃을 것이고, 눈을 감고도 깨어 있
으면 길이 밝을 것이다.

[총평]
옷 입은 사람에게 또 옷을 입히고
헐벗은 사람에게서 옷을 벗겨라.
파초는 잘 속였다고 좋아했겠지만
비웃는 사람도 있음을 알아야 하리.

---

594) 종풍(宗風) : 한 종파(宗派)의 가풍(家風). 한 종파의 품격과 위의(威儀).

제45칙 **그는 누구인가** 他是阿誰

[고칙]

동산(東山)의 법연(法演)⁵⁹⁵⁾ 노스님⁵⁹⁶⁾이 말했다.

"석가와 미륵도 오히려 그의 노예다. 말해 보라. 그는 누구인가?"⁵⁹⁷⁾

東山演師祖曰: "釋迦彌勒, 猶是他奴. 且道. 他是阿誰?"

[군소리]

찾으면 어디에도 없지만, 찾지 않으면 본래부터 언제나 모든 곳에 나타나 있다.

[무문의 말]

만약 그를 분명하게⁵⁹⁸⁾ 볼 수 있다면, 마치 번화한 거리에서 자기 친아버지를 마주친⁵⁹⁹⁾ 것과 같아서, 다시 다른 사람에게 아버

---

595) 오조법연(五祖法演).

596) 사조(師祖): 스승의 스승. 사옹(師翁), 사공(師公)과 같음.

597) 『법연선사어록(法演禪師語錄)』 중권(中卷) 「서주백운산해회연화상어록(舒州白雲山海會演和尚語錄)」에 나오는 법어(法語).

598) 분효(分曉): ①또렷하다. 분명하다. ②똑똑히 알다.

599) 당견(撞見): 뜻밖에 만나다. 갑자기 마주치다.

지가 맞는지 아닌지 물어볼 필요가 없으리라.⁶⁰⁰⁾

無門曰: "若也見得他分曉, 譬如十字街頭, 撞見親爺相似, 更不須問別
人道, 是與不是."

[군소리]
의심이 일어나지 않을 뿐, 붙잡고 있는 것은 아니다.

[무문의 송]
남의 활은 당기지 말고
남의 말도 타지 말고,
남의 잘못은 말하지 말고
남의 일은 알려고 하지 마라.

頌曰: "他弓莫挽, 他馬莫騎, 他非莫辨, 他事莫知."

[군소리]
안과 바깥이 없는데, 남의 일이 어디에 있겠는가?

[총평]

---

600) 불수(不須): ㅡ할 필요 없다.

254

석가와 미륵을
하인으로 부리는
그는 누구인가?
물으면 어긋난다.

제46칙 장대 끝에서 나아감(竿頭進步)

[고칙]

석상(石霜) 화상이 말했다.

"백 척 장대 끝에서 어떻게 한 걸음 내딛는가?"[601]

다시 옛 스님이 말했다.

"백 척 장대 끝에 앉은 사람은 비록 도(道)에는 들어왔으나 아직 참되지는 않다. 백 척 장대 끝에서 모름지기 한 걸음 내디뎌야[602] 온 우주에 온몸을 드러내리라."[603]

石霜和尙云: "百尺竿頭, 如何進步?" 又古德云; "百尺竿頭坐底人, 雖然得入, 未爲眞. 百尺竿頭須進步, 十方世界現全身."

[군소리]

내가 사라져야 온 우주가 나이고, 도가 사라져야 온 세계가 도이다.

---

601) 이 말은 송대(宋代) 이후 선승(禪僧)들이 흔히 질문하는 말로 등장한다. 애초에 누가 사용한 말인지는 알 수 없다. 석상(石霜)이라고 소개되어 있지만, 석상초원(石霜楚圓)인지 석상경제(石霜慶諸)인지 알 수 없다.

602) 도(道)에서도 풀려나야 원융무애(圓融無礙)할 것이다.

603) 『명각선사어록(明覺禪師語錄)』 제1권 「주명주설보선사어(住明州雪竇禪寺語)」에 의하면 이 말은 장사경잠(長沙景岑)의 말이라고 소개되어 있다.

[무문의 말]

한 걸음 내디뎌 몸을 뒤집을 수 있다면, 다시 어느 곳을 꺼려해서 스스로 최고라고 자부하지[604] 못하겠는가?

비록 그렇지만, 말해 보라!

백 척 장대 끝에서 어떻게 한 걸음 내딛는가?[605]

無門曰："進得步翻得身，更嫌何處，不稱尊？然雖如是，且道．百尺竿頭，如何進步嗄?"

[군소리]

백 척 장대 끝은 불편하고 불안하니, 다시 한 걸음 내딛지 않을 수 없다.

[무문의 송]

정수리 위의 눈[606]을 감아 버려서

저울의 첫 눈금을 잘못 읽는다면,[607]

---

604) 칭존(稱尊) : 스스로 제일이라고 여기다. 최고라고 자칭하다.

605) 사(嗄) : 의문(疑問)이나 반문(反問)을 나타내는 어기조사.

606) 정문안(頂門眼) : 마혜수라(摩醯首羅) 즉 대자재천(大自在天)의 정수리에 있는 눈. 만법의 실상을 보는 바르고 뛰어난 안목(眼目)을 가리킨다. =정문구안(頂門具眼).

607) 착인정반성(錯認定盤星) : 반성(盤星)은 저울 눈금, 정반성(定盤星)은 눈금을 정하는 기점이 되는 첫 번째 눈금. 기점이 되는 저울눈을 잘못 알았다는 말은, 본

257

아낌없이 목숨을 버릴 수 있더라도

한 소경이 뭇 소경을 인도하는 꼴이다.

頌曰: "瞎卻頂門眼, 錯認定盤星, 拚身能捨命, 一盲引衆盲."

[군소리]

읽어야 할 바른 눈금이 있다면, 이미 잘못 읽은 것이다.

[총평]

백 척 장대 위에서

한 걸음 내디디면

어디를 가더라도

장대 위에 있으리라.

성(本性)을 잘못 알았다는 뜻. 본성(本性)은 불이중도(不二中道)이므로 정해진
기점은 없지만, 어긋나면 바로 번뇌가 일어난다. 정해진 눈금은 없지만, 어긋남
이 없어야 하니 이것을 일러 모든 눈금의 근본인 정반성이라 한다.

제47칙 도솔의 세 관문 兜率三關

[고칙]

도솔종열(兜率從悅)[608] 화상은 세 개의 관문(關門)을 만들어 배우는 사람들에게 물었다.

"번뇌망상을 헤치고 불법을 찾음[609]은 다만 본성(本性)을 보기 위함인데, 지금 스님[610]의 본성은 어디에 있는가? (봄이지만 아침은 아직 춥다.)

자기의 본성을 알게 되면 비로소 삶과 죽음[611]에서 벗어나는데,

---

608) 도솔종열(兜率從悅) : 1044-1091. 송대(宋代) 선승(禪僧). 임제종 황룡파. 도솔(兜率)은 머물렀던 절 이름. 속성(俗姓)은 웅(熊)씨. 처음에는 불교를 배척하다가『유마경』을 읽고서 발심하여 출가함. 늑담극문(泐潭克文)의 법을 이어받고 홍주(洪州) 도솔(兜率)에 머물렀다. 무진거사(無盡居士) 장상영(張商英)은 처음에는 동림상총(東林常惣) 문하에서 공부하였으나, 나중에 도솔종열의 가르침으로 깨닫고 그 제자가 되었다. 원우(元祐) 6년 11월 3일 입적. 휘종(徽宗) 3년 (1121)에 장상영의 주청으로 진적선사(眞寂禪師)라는 시호가 내림.『도솔열선사어록(兜率悅禪師語錄)』1권이 있음.

609) 발초참현(撥草參玄) : 풀숲을 헤치고 현묘함을 찾아감. 풀숲은 번뇌망상을 가리키고, 현묘함은 불법(佛法)을 가리킴.

610) 상인(上人) : ①부처님. ②뛰어난 덕을 갖춘 훌륭한 사람. ③부처님의 제자. ④지혜와 덕을 겸비한 승려를 높여 부르는 말.

611) 생사(生死) : =생멸(生滅). jāti-marana 중생의 일생인 시작과 끝을 말함. 즉, 번뇌에 물든 중생의 삶. 상대 개념은 열반(涅槃).

죽음[612]이 다가왔을 때 어떻게 벗어나는가? (따뜻한 이불 속이 좋다.)

삶과 죽음을 벗어났다면 곧 갈 곳을 아는데, 육체[613]가 흩어지면 어느 곳으로 가는가?"[614] (이제 일어나 식사할 시간이다.)

兜率悅和尚, 設三關問學者: "撥草參玄只圖見性, 卽今上人性在甚處? 識得自性方脫生死, 眼光落時作麼生脫? 脫得生死便知去處, 四大分離向甚處去?"

[무문의 말]

만약 이 세 가지 질문에 알맞은 말[615]을 할 수 있다면, 곧장 곳곳에서 주인이 되고 인연을 만나면 근본이 된다.

만약 아직 그렇지 못하다면, 조리가 잘되지 않은 거친 음식은 쉽사리 배가 부르니 오래오래 잘 씹어 먹어야 배고픔을 면하리라.[616]

---

612) 안광낙(眼光落) : 죽음을 가리킴. =안광낙지(眼光落地), 안광입지(眼光入地).

613) 사대(四大) : 육신(肉身)과 물질(物質)을 구성하는 4대원소(大元素). 지(地)·수(水)·화(火)·풍(風).

614) 『대혜보각선사종문무고(大慧普覺禪師宗門武庫)』'도솔열화상(兜率悅和尚)'에 이 내용이 소개되어 있다.

615) 전어(轉語) : 상황에 알맞은 말. 그때그때의 상황에 따라 말을 자유자재하게 사용하여 선지(禪旨)를 가리키는 것. 심기(心機)를 바꾸어서 깨닫게 하는 힘이 있는 말이라는 뜻이기도 하다.

616) 추찬이포세작난기(麤餐易飽細嚼難飢) : 추찬은 조리가 잘되지 않은 거친 음식. 조리가 잘되지 않은 거친 음식은 쉽사리 배가 부르니, 오래오래 잘 씹어야 충분

無門曰: "若能下得, 此三轉語, 便可以隨處作主, 遇緣卽宗. 其或未然, 麤飱易飽, 細嚼難飢."

[군소리]

외나무다리 위를 잘 걸어가는 사람은 발이 저절로 알맞은 곳을 잘 딛게 되어 흔들림이 없으니 일부러 해야 할 일은 전혀 없다.

[무문의 송]

한 순간에 헤아릴 수 없는 세월을 두루 보고,

헤아릴 수 없는 세월의 일이 바로 지금이다.[617]

지금 이 한 순간을 확실히 파악하면[618]

지금 파악하는 사람을 파악하는 것이다.[619]

頌曰: "一念普觀無量劫, 無量劫事卽如今. 如今覷破箇一念, 覷破如今覷底人."

히 먹어서 배고픔을 이길 것이다. 마음공부에서 선지식의 가르침은 조리가 잘 되지 않은 거친 음식처럼 주어지는데, 공부인이 스스로의 체험을 통하여 그것을 자세히 경험하고 검증하여 자기 살림살이가 되어야 힘을 얻을 것이라는 말.

617) 방편의 말이다.

618) 처파(覷破): 확실히 엿보다. 엿보아 정체를 파악하다. '파'는 동사의 뒤에서 동작의 완성이나 발생한 장소를 표시함. 요(了), 득(得), 재(在)와 같은 용법.

619) 사람이라니 무슨 헛소리인가?

[군소리]

세월이 있는 줄도 모르고 사람이 있는 줄도 모르는데, 무슨 할 말이 있겠는가?

[총평]

본성은 어디에 있나?

오늘은 춥구나.

죽음을 어떻게 벗어나나?

오늘은 춥구나.

벗어나 어디로 가나?

오늘은 춥구나.

제48칙 **건봉의 외길**乾峰一路

[고칙]

건봉(乾峰)[620] 화상에게 어떤 승려가 물었다.

"'온 우주의 부처님[621]들이 한 길로 열반문에 들어간다.'[622]고 하지만, 그 길[623]은 어디에 있는지 모르겠습니다?"

건봉이 주장자를 집어 들어 한 획을 긋고 말했다.

"여기에 있다!"

뒷날 그 승려가 운문(雲門)[624]에게 다시 가르침을 청했는데, 운문은 부채를 집어 들고 말했다.

"부채가 폴짝 뛰어 삼십삼천(三十三天)[625]으로 올라가 제석천(帝釋天)의 코를 쥐어박고,[626] 동해(東海)의 잉어를 한 방 때리니 비가

---

620) 월주건봉(越州乾峯) : 당말(唐末)의 선승(禪僧). 조동종(曹洞宗). 동산양개(洞山
      良价; 807-869)의 제자. 절강성(浙工省) 월주(越州)에 머물렀다.

621) 박가범(薄伽梵) : 세존(世尊)이라는 뜻인 bhagavān의 음역.

622) 『수능엄경(首楞嚴經)』 제5권의 게송에 나오는 구절.

623) 노두(路頭) : 길. 도로. 흔히 인생을 비유하는 말로 사용됨.

624) 운문문언(雲門文偃).

625) 삼십삼천(三十三天) : 욕계의 6천의 제2천인 도리천을 가리키는 이름. '도리'는
      33의 음사(音寫)이며 삼십삼천(三十三天)으로 의역한다. 도리천은 세계의 중심
      인 수미산(須彌山: Sumeru)의 정상에 있으며 제석천(帝釋天: Indra)의 천궁(天
      宮)이 있다. 사방에 봉우리가 있으며, 그 봉우리마다에 8천이 있기 때문에 제석
      천과 합하여 33천이 된다.

626) 축착(築著) : 축(築)은 '부딪히다' 또는 '단단히 다지다'는 뜻. 착(著)은 조사(助

263

물동이를 쏟아붓듯이 내린다."[627]

乾峰和尙, 因僧問: "十方薄伽梵, 一路涅槃門, 未審路頭在甚麼處?"峰
拈起拄杖, 劃一劃云: "在者裏."後僧請益雲門, 門拈起扇子云: "扇子䟦跳,
上三十三天, 築著帝釋鼻孔, 東海鯉魚打一棒, 雨似盆傾."

[군소리]

눈은 언제나 우주의 색깔을 다 보고, 귀는 언제나 우주의 소리를 다
듣는다. 겨자씨 한 톨에 우주가 모두 담겨 있으니 고개를 돌려 이리저
리 쳐다볼 일도 없고 오고 갈 일도 없다.

[무문의 말]

한 사람은 깊고 깊은 바다 밑에서 키로 흙을 까불어 먼지를 일
으켰고, 한 사람은 높고 높은 산꼭대기에서 흰 파도를 일으켜 하
늘에 넘치게 하였다.[628]

함정에 몰아넣어 꼼짝 못하게 하기도 하고[629] 자유롭게 놓아주

詞). 들이받다. 부딪히다. 쥐어박다. 치다. 때리다.

627) 『운문광진선사광록(雲門匡眞禪師廣錄)』 중권(中卷) 「실중어요(室中語要)」에 이
    대화가 나온다. 여기에서는 운문의 이 말 끝에 "알겠느냐?(會麼?)"라는 구절이
    있다.

628) 경계에 걸림 없이 신령스레 통하는 모습을 나타낸 말.

629) 파정(把定) : ①물샐틈없이 지키다. 제압하다. 장악하다. =파득주(把得住). ②
    스승이 수행자를 가르칠 때에 수행자가 그때까지 마음에 품고 있던 사상·신
    념·견해 등 모든 것을 타파부정하여 수행자를 곤혹 절망의 깊은 늪으로 몰아
    넣음으로써 오히려 생생한 향상 진보의 결과를 가져다주려고 하는 것. 마음을

기도 하면서,[630] 각자 한 손을 내밀어 종승(宗乘)[624]을 부축해 세웠
기도 하면서,[624] 각자 한 손을 내밀어 종승(宗乘)[631]을 부축해 세웠
지만, 흡사 곱사등이[632] 두 사람이 딱 마주친[633] 것과 같으니, 세상
에는 분명 꼿꼿이 선 멀쩡한 사람은 없나 보다.[634]

빼앗음. 방행(放行)의 반대. 여기에서는 건봉이 주장자로 한 획을 그으며 "여기
에 있다."라고 한 것을 가리킨다.

630) 방행(放行) : =방개(放開). ①행함을 허락하다. 가도록 허가하다. 가도록 놓아주
다. 넓히다. 크게 하다. 상관하지 않다. 방(放)은 허락함, 허가함의 사역의 의미
가 있음. ②학인을 지도하는 수단의 하나로, 파정(把定)과는 달리 일체를 허락하
여 자유롭게 하도록 하는 것이다. 파정(把定)과 방행(放行)은 선가(禪家)의 상이
한 지도 방식으로서 파정(把定)은 상대의 기량을 꺾어서 꼼짝 못하게 하는 것이
고, 방행(放行)은 학인 스스로 참구하게 하는 방식. 여기에서는 운문이 모든 경
계를 허물고 걸림 없이 자유자재하게 행동하는 모습을 말한 것을 가리킨다.

631) 종승(宗乘) : 선종의 교법. 종(宗)은 본가(本家)·종가(宗家)라는 뜻이고, 승(乘)
은 운반한다는 뜻이니, 중생을 운반하여 불지(佛地)에 이르게 한다는 의미이다.
소승과 대승에 대해서 달마 문하의 종지나 선(禪)의 극치를 이를 때에 쓴다. 후
대에는 각 종이 분립하여 각 종파가 자신의 종의(宗義)나 종지(宗旨), 종학(宗學)
을 종승이라고 칭하고, 다른 종파의 종의는 여승(餘乘)이라고 칭하게 되었다.

632) 치자(馳子) : =타자(駝子). 곱사등이. 꼽추.

633) 당착(撞着) : 맞부딪치다. 불의의 사태를 만나다.

634) 본래 이 구절은 대혜종고(大慧宗杲; 1089-1163)의 『대혜보각선사어록(大慧普
覺禪師語錄)』제10권의 '송고(頌古)'에 나오는 대혜의 게송 가운데 나온다 :
남원(南院)이 상당(上堂)하여 말하였다. "몸뚱이 위에 천 길 절벽이 있다." 그때
어떤 승려가 물었다. "몸뚱이 위에 천 길 절벽이 있다 함은 어찌 스님의 도(道)
가 아니겠습니까?" 남원이 대답하였다. "그렇다." 그 승려가 곧장 선상(禪床)을
번쩍 들어 뒤집었다. 남원이 말하였다. "이 눈먼 놈이 난동 부리는 것 봐라!" 그
승려가 머뭇거리고 있자, 남원이 바로 그를 때려 절 밖으로 내쫓았다. 대혜가
송했다. "몸뚱이 위에서 직접 쓸 수 있지만/ 주인과 손님에게 있는 도리를 각자
가 펼치기는 어렵구나./ 곱추 두 사람이 딱 마주쳤으니/ 지금 세상에는 곧게 선

바른 눈으로 살펴보면, 두 노인이 모두 아직 길을 알지 못하고 있다.[635]

無門日: "一人向深深海底, 行簁土揚塵, 一人於高高山頂, 立白浪滔天. 把定放行, 各出一隻手, 扶竪宗乘, 大似兩箇駞子相撞著, 世上應無直底人. 正眼觀來, 二大老總未識路頭在."

[군소리]

달을 가리키면 달을 보고 손가락은 잊어라. 손가락 속에 달이 있니 없니 따지는 당신이 가장 어리석은 사람이다.

[무문의 송]

아직 발걸음을 떼기도 전에 이미 도달하였고
아직 혀를 움직이기도 전에 벌써 다 말했다.[636]

사람이 없구나."(南院上堂云: "赤肉團上, 壁立千仞." 時有僧問: "赤肉團上, 壁立千仞, 豈不是和尙道?" 院云: "是." 僧便掀倒禪床. 院云: "你看這瞎漢亂做!" 僧擬議, 院便打趁出院. 頌云: "赤肉團邊用得親, 主賓有理各難伸. 兩箇駞子相逢著, 世上如今無直人.) 타자(駞子)는 치자(馳子)와 동일한 단어로서 꼽추라는 뜻이다. 여기에선 등이 굽은 꼽추와 등이 곧게 뻗은 온전한 몸을 가진 사람을 여법(如法)하지 못함과 여법함으로 비유하여 말했다.

635) 열반으로 가는 길이 있다면 눈먼 소리요, 열반으로 가는 길이 없다면 어떻게 열반에 이르는가?

636) 무문이 이렇게 말한다면 무문 역시 스스로 만든 포승줄에 스스로 묶여 있는 것이니, 건봉, 운문과 더불어 같은 소장(訴狀)으로 다스려야 한다.

266

설령 한 수 한 수[637]에서 기선(機先)[638]을 제압한다 하더라도[639] 다시 위로 향하는 한 개 구멍[640]이 있음을 알아야만 한다.[641]

頌曰：“未擧步時先已到, 未動舌時先說了. 直饒著著在機先, 更須知有向上竅.”

[군소리]

거울은 본래 텅 비어 있으면서 온갖 모습을 나타내는데, 모습에 속든 속지 않든 오로지 당신에게 달렸다.

[총평]

열반으로 가는 하나의 길은 어디에 있는가?
찾으면 없고 찾지 않으면 들어가지 못한다.
문득 눈을 뜨고 꿈에서 깨어나야
비로소 본래 꿈이 없음을 알리라.

---

637) 착착(着着) : ①하나하나. 한 걸음 한 걸음. ②착착.(일이 순조롭게 되어가는 모양).
638) 기선(機先) : 일이 일어나기 직전.
639) 아무리 방편을 잘 써서 분별망상을 부순다고 하여도, 아직 사람을 죽이고 살리는 일에 매여 있는 것이다.
640) 향상일규(向上一竅) : =향상일로(向上一路). 궁극의 깨달음을 가리키는 말.
641) 손가락은 잊어버리고 달을 보아야 한다. 본래 죽이고 살릴 일이 없는 것이다. 이 한마디로 무문이 지금까지 48칙 동안 지은 구업(口業)에서 벗어나려 하는구나.

무문혜개의 발문跋文

예로부터 부처님과 조사께서 말씀하신[642] 이야기[643]들은 정법 (正法)에 의지하여 가르침을 펼치신[644] 것이다. 애초에 쓸데없는 말씀 없이 머리뼈를 뒤집어 눈동자를 드러내어 사람들에게 즉시 떠맡아서 남에게서 찾지 않도록 곧잘[645] 요구하였다. 만약 불도에 달통한 보살[646]이라면 이런 이야기를 듣자마자 곧장 귀결점[647]을 알아서, 들어가야 할 문이 없고 올라가야 할 계단이 없음을 깨달아, 활개치며 걸어서 관문(關門)을 통과함에 관문지기에게 통과해도 되는지를 묻지 않을 것이다.

보지도 못했는가? 현사(玄沙)[648]가 말했다. "문 없는 해탈의 문

---

642) 수시(垂示) : 색어(索語), 조어(釣語), 수어(垂語)라고도 한다. 선사가 수행인의 역량을 시험하기 위하여 질문을 던지거나, 가르침의 말씀을 내리는 것.

643) 기연(機緣) : 시기(時機)의 인연(因緣). 어떤 일이 일어나는 내력.

644) 거관결안(據款結案) : 법령(法令)의 조항(條項)에 의거하여 판결을 내리다. 관 (款)은 법령, 규정, 조약 따위의 조항, 조목. 보통 조(條) 다음이 관(款)이다. 여 기서 법령(法令)은 곧 부처님과 조사의 가르침 즉 불법(佛法)이요 선도(禪道) 를 가리킨다. 즉, 정법(正法)에 의거하여 가르침을 펼친다는 말. =결안거관(結 案據款).

645) 긍(肯) : ①동의하다. 허가하다. 원하다. 기꺼이 -하다. 곧잘 -하다. ②=능 (能). -할 수 있다.

646) 통방상사(通方上士) : ①신선(神仙)의 술법인 방술(方術)에 능통한 뛰어난 방사 (方士). ②불도(佛道)에 달통한 보살(菩薩). 상사(上士)는 보살.

647) 낙처(落處) : 귀결점(歸結點). 요지(要旨).

648) 현사사비(玄沙師備) : 835-908. 청원의 문하. 민현(閩縣; 복건성) 사람. 속성은

268

은 뜻 없는 도인의 뜻이다." 또 백운(白雲)[649]이 말했다. "분명하고 또렷한 앎[650]이 다만 이것인데, 무엇 때문에 뚫고 지나가지 못하는가?" 이러한 말들은 역시 붉은 흙 위에 흰 우유를 바르는[651] 쓸데없는 짓이다.

사씨(謝氏). 어려서 낚시를 좋아하였다. 함통(咸通) 초년에 하루는 홀연히 발심하여 복주 부용산(芙蓉山)의 영훈(靈訓)에게 참학하여 출가하였다. 5년(864)에는 예장(豫章; 강서성) 개원사(開元寺)의 도현율사(道玄律師)에게 구족계를 받았다. 같은 해 가을에 옛 마을로 돌아와 수행에 힘쓰고, 7년에 설봉산(雪峰山)의 의존(義存)에게 참학하여 그의 법을 이었다. 설봉의 회하에 있을 때는 지율(持律)을 엄격히 지켜 비두타(備頭陀)라고 존칭되고, 사씨 집안의 3남이어서 사삼랑(謝三郞)이라고 불리기도 하였다. 보응산(普應山)에서 암자 생활을 하다가 후관현(侯官縣)의 현사원(玄沙院)에 주석하였다. 광화(光化) 원년(898) 민왕 왕심지(王審知)의 명으로 안국원(安國院)에 주석하였다. 명종(明宗)은 종일대사(宗一大師)를 하사하였다. 개평(開平) 2년 11월 27일에 입적하였다. 세수는 74세. 법랍은 45세(혹은 44). 12월 10일에 이르러 민현(閩縣) 회현리(懷賢里)의 비산(飛山)의 언덕에 장사지냈다. 임징(林澄)이 '唐福州安國禪院先開山宗一大師碑文'을 지었다.

649) 백운수단(白雲守端) : 1025-1072. 임제종 양기파(楊岐派). 형양(衡陽; 호남성) 사람. 속성은 주씨(周氏). 다릉인욱(茶陵仁郁)에게 득도(得度)하고 여러 지역을 참학한 후에 양기방회(楊岐方會)에게 참학하여 그의 법을 이었다. 강주(江州; 강서성)의 승천선원(承天禪院) · 원통숭승선원(圓通崇勝禪院), 서주(舒州; 안휘성)의 법화산증도선원(法華山證道禪院) · 용문산건명선원(龍門山乾明禪院) · 흥화선원(興化禪院) · 백운산해회선원(白雲山海會禪院)에서 개당(開堂)하였고, 희령 5년에 시적하였다. 세수는 48세. 문인인 오조법연(五祖法演)에 의해 『백운수단선사어록(白雲守端禪師語錄)』 · 『백운단화상광록(白雲端和尙廣錄)』이 편찬되고, 또 『백운단화상어요(白雲端和尙語要)』가 있다.

650) 지도(知道) : 알다. 깨닫다. =지(知), 지유(知有).

651) 적토차우내(赤土搽牛嬭) : 붉은 흙 위에 흰 우유를 바르다. 쓸데없는 짓을 하다.

만약 문 없는 관문을 지나갔다면, 이미 나 무문(無門)을 놀린[652] 것이다. 만약 문 없는 관문을 지나가지 못했다면, 또한 자기 자신을 저버린 것이다. 열반의 마음은 밝히기 쉬우나 차별의 지혜[653]는 밝히기 어렵다고 하였으니, 차별의 지혜를 밝혀야 가정과 나라가 저절로 평안해질 것이다.

소정(紹定) 개원(改元; 1228년) 해제(解制)[654]를 5일 앞두고 양기(楊岐)[655]의 8세손인 무문(無門) 비구(比丘) 혜개(慧開) 삼가 쓰다.

從上佛祖, 垂示機緣, 據款結案. 初無剩語, 揭翻腦蓋, 露出眼睛, 肯要諸人, 直下承當, 不從他覓. 若是通方上士, 纔聞擧著, 便知落處, 了無門戶可入, 亦無階級可升. 掉臂度關 不問關吏. 豈不見? 玄沙道: "無門解脫

---

652) 둔치(鈍置) : ①(심신을) 괴롭히다. 놀리다. ②속이다. 조롱하다. 농락하다.

653) 차별지(差別智) : 해탈열반한 고요하고 차별 없는 곳에 머물러 있지 않고, 세간 속에서 온갖 차별세계를 잘 분별하면서도 그 차별세계에 오염되지 않고 자유자재할 수 있는 지혜. 불이법문(不二法門)의 실현을 가리킨다.

654) 해제(解制) : ↔결제(結制). 안거(安居)를 끝마침.

655) 양기방회(楊岐方會) : 992-1049. 임제종 양기파(楊岐派)의 개조이다. 성은 냉씨(冷氏)이다. 어려서부터 명민하여 서주(瑞州, 강서성) 구봉(九峯)에서 놀다가 떠나는 게 싫어서 머리 깎고 출가하였다. 곳곳의 선지식을 찾아다니며 배우다가 석상초원(石霜楚圓; 986-1040)의 문하에서 공부하여 그의 법을 이어받고는, 원주(袁州)의 양기산(楊岐山)과 담주(潭州)의 운개산(雲蓋山)에 머물면서 선풍(禪風)을 떨쳤다. 황우(皇祐) 원년에 입적하였다. 양기방회의 법계보는 양기방회-백운수단(白雲守端)-오조법연(五祖法演)-개복도녕(開福道寧)-월암선과(月庵善果)-노납조등(老衲祖燈)-월림사관(月林師觀)-무문혜개(無門慧開)로 이어진다.

之門, 無意道人之意." 又白雲道: "明明知道, 只是者箇, 爲甚麼, 透不過?" 恁麼說話, 也是赤土搽牛嬭. 若透得無門關, 早是鈍置無門. 若透不得無門關, 亦乃辜負自己. 所謂涅槃心易曉, 差別智難明, 明得差別智, 家國自安寧.

時紹定改元, 解制前五日, 楊岐八世孫, 無門比丘慧開, 謹識.

무문관 끝

無門關卷終

무문관

초판　1쇄 발행일 2015년 4월 30일
증보판 1쇄 발행일 2022년 5월 25일

지은이 김태완

펴낸이 김윤
펴낸곳 침묵의 향기
출판등록 2000년 8월 30일, 제1-2836호
주소 10401 경기도 고양시 일산동구 무궁화로 8-28,
　　　삼성메르헨하우스 913호
전화 031) 905-9425
팩스 031) 629-5429
전자우편 chimmukbooks@naver.com
블로그 http://blog.naver.com/chimmukbooks

ISBN 978-89-89590-95-8 03220